严格按照全新考试大纲编写

二级建造师执业资格考试

同步章节习题集

建设工程法规及相关知识

环球网校建造师考试研究院　主编

东南大学出版社
SOUTHEAST UNIVERSITY PRESS
·南京·

图书在版编目(CIP)数据

建设工程法规及相关知识 / 环球网校建造师考试研究院主编. -- 南京：东南大学出版社，2024.7
二级建造师执业资格考试同步章节习题集
ISBN 978-7-5766-0959-2

Ⅰ.①建…　Ⅱ.①环…　Ⅲ.①建筑法-中国-资格考试-习题集　Ⅳ.①D922.297-44

中国国家版本馆 CIP 数据核字(2023)第 215263 号

责任编辑：马伟　责任校对：张万莹　封面设计：环球网校·志道文化　责任印制：周荣虎

建设工程法规及相关知识
Jianshe Gongcheng Fagui Ji Xiangguan Zhishi

主　　编：	环球网校建造师考试研究院
出版发行：	东南大学出版社
出 版 人：	白云飞
社　　址：	南京四牌楼 2 号　邮编：210096　电话：025-83793330
网　　址：	http://www.seupress.com
电子邮件：	press@seupress.com
经　　销：	全国各地新华书店
印　　刷：	三河市中晟雅豪印务有限公司
开　　本：	787 mm×1092 mm　1/16
印　　张：	12
字　　数：	295 千字
版　　次：	2024 年 7 月第 1 版
印　　次：	2024 年 7 月第 1 次印刷
书　　号：	ISBN 978-7-5766-0959-2
定　　价：	49.00 元

本社图书若有印装质量问题，请直接与营销部联系。电话(传真)：025-83791830

环球君带你学法规

二级建造师执业资格考试实行全国统一大纲，各省、自治区、直辖市命题并组织的考试制度，分为综合科目和专业科目。综合考试涉及的主要内容是二级建造师在建设工程各专业施工管理实践中的通用知识，它在各个专业工程施工管理实践中具有一定普遍性，包括《建设工程施工管理》《建设工程法规及相关知识》2个科目，这2个科目为各专业考生统考科目。专业考试涉及的主要内容是二级建造师在专业工程施工管理实际工程中应该掌握和了解的专业知识，有较强的专业性，包括建筑工程、市政公用工程、机电工程、公路工程、水利水电工程等专业。

二级建造师《建设工程法规及相关知识》考试时间为120分钟，满分100分。试卷共有两道大题：单项选择题、多项选择题。其中，单项选择题共60题，每题1分，每题的备选项中，只有1个最符合题意。多项选择题共20题，每题2分，每题的备选项中，有2个或2个以上符合题意，至少有1个错项。错选，本题不得分；少选，所选的每个选项得0.5分。

做题对于高效复习、顺利通过考试极为重要。为帮助考生巩固知识、理顺思路，提高应试能力，环球网校建造师考试研究院依据二级建造师执业资格考试全新考试大纲，精心选择并剖析常考知识点，深入研究历年真题，倾心打造了这本同步章节习题集。环球网校建造师考试研究院建议您按照如下方法使用本书。

◇**学练结合，夯实基础**

环球网校建造师考试研究院依据全新考试大纲，按照知识点精心选编同步章节习题，并对习题进行了分类——标注"必会"的知识点及题目，需要考生重点掌握；标注"重要"的知识点及题目，需要考生会做并能运用；标注"了解"的知识点及题目，考生了解即可，不作为考试重点。建议考生制订适合自己的学习计划，学练结合，扎实备考。

◇**学思结合，融会贯通**

本书中的每道题目均是环球网校建造师考试研究院根据考试频率和知识点的考查方向精挑细选出来的。在复习备考过程中，建议考生勤于思考、善于总结，灵活运用所学知识，提升抽丝剥茧、融会贯通的能力。此外，建议考生对错题进行整理和分析，从每一道具体的错题入手，分析错误的知识原因、能力原因、解题习惯原因等，从而完善知识体系，达到高效备考的目的。

◇ 系统学习，高效备考

在学习过程中，一方面要抓住关键知识点，提高做题正确率；另一方面要关注知识体系的构建。在掌握全书知识脉络后，一定要做套试卷进行模拟考试。考生还可以扫描目录中的二维码，进入二级建造师课程＋题库App，随时随地移动学习海量课程和习题，全方位提升应试水平。

本套辅导用书在编写过程中，虽几经斟酌和校阅，仍难免有不足之处，恳请广大读者和考生予以批评指正。

相信本书可以帮助广大考生在短时间内熟悉出题"套路"、学会解题"思路"、找到破题"出路"。在二级建造师执业资格考试之路上，环球网校与您相伴，助您一次通关！

请大胆写出你的得分目标＿＿＿＿＿

环球网校建造师考试研究院

目 录

第一章 建设工程基本法律知识

- 第一节 建设工程法律基础/参考答案与解析 ········· 3/114
- 第二节 建设工程物权制度/参考答案与解析 ········· 5/116
- 第三节 建设工程知识产权制度/参考答案与解析 ········· 9/119
- 第四节 建设工程侵权责任制度/参考答案与解析 ········· 11/120
- 第五节 建设工程税收制度/参考答案与解析 ········· 12/121
- 第六节 建设工程行政法律制度/参考答案与解析 ········· 13/122
- 第七节 建设工程刑事法律制度/参考答案与解析 ········· 14/123

第二章 建筑市场主体制度

- 第一节 建筑市场主体的一般规定/参考答案与解析 ········· 19/125
- 第二节 建筑业企业资质制度/参考答案与解析 ········· 21/126
- 第三节 建造师注册执业制度/参考答案与解析 ········· 23/127
- 第四节 建筑市场主体信用体系建设/参考答案与解析 ········· 25/129
- 第五节 营商环境制度/参考答案与解析 ········· 27/131

第三章 建设工程许可法律制度

- 第一节 建设工程规划许可/参考答案与解析 ········· 31/132
- 第二节 建设工程施工许可/参考答案与解析 ········· 32/132

第四章 建设工程发承包法律制度

- 第一节 建设工程发承包的一般规定/参考答案与解析 ········· 37/134
- 第二节 建设工程招标投标制度/参考答案与解析 ········· 38/135
- 第三节 非招标采购制度/参考答案与解析 ········· 43/139

第五章 建设工程合同法律制度

- 第一节 合同的基本规定/参考答案与解析 ········· 47/141
- 第二节 建设工程施工合同的规定/参考答案与解析 ········· 51/144
- 第三节 相关合同制度/参考答案与解析 ········· 55/147

第六章 建设工程安全生产法律制度

- 第一节 建设单位和相关单位的安全责任制度/参考答案与解析 ········· 61/150
- 第二节 施工安全生产许可证制度/参考答案与解析 ········· 63/152
- 第三节 施工单位安全生产责任制度/参考答案与解析 ········· 65/153

第四节	施工现场安全防护制度/参考答案与解析	68/155
第五节	施工生产安全事故的应急救援和调查处理/参考答案与解析	70/156
第六节	政府主管部门安全生产监督管理/参考答案与解析	71/158

第七章 建设工程质量法律制度

第一节	工程建设标准/参考答案与解析	75/160
第二节	无障碍环境建设制度/参考答案与解析	76/161
第三节	建设单位及相关单位的质量责任和义务/参考答案与解析	77/161
第四节	施工单位的质量责任和义务/参考答案与解析	79/163
第五节	建设工程竣工验收制度/参考答案与解析	81/164
第六节	建设工程质量保修制度/参考答案与解析	83/165

第八章 建设工程环境保护和历史文化遗产保护法律制度

| 第一节 | 建设工程环境保护制度/参考答案与解析 | 89/167 |
| 第二节 | 施工中历史文化遗产保护制度/参考答案与解析 | 91/168 |

第九章 建设工程劳动保障法律制度

第一节	劳动合同制度/参考答案与解析	95/170
第二节	劳动用工和工资支付保障/参考答案与解析	98/172
第三节	劳动安全卫生和保护/参考答案与解析	99/173
第四节	工伤保险制度/参考答案与解析	100/174
第五节	劳动争议的解决/参考答案与解析	101/175

第十章 建设工程争议解决法律制度

第一节	建设工程争议和解、调解制度/参考答案与解析	105/178
第二节	仲裁制度/参考答案与解析	106/178
第三节	民事诉讼制度/参考答案与解析	108/180
第四节	行政复议制度/参考答案与解析	111/182
第五节	行政诉讼制度/参考答案与解析	112/183

注:斜杠后的页码为对应的参考答案与解析,方便您更高效地使用本书。祝您顺利通关!

PART 1 第一章 建设工程基本法律知识

学习计划：

扫码做题
熟能生巧

读万卷书　行万里路

第一节　建设工程法律基础

■ 知识脉络

考点 1　法律部门和法律体系【重要】

1. 【单选】在我国法律体系中，按照一定的标准和原则所制定的同类法律规范的总称为（　　）。
   A. 法律形式　　　　　　　　　　B. 法律体系
   C. 法律规范　　　　　　　　　　D. 法律部门

2. 【单选】在下列法律中，（　　）属于宪法相关法。
   A. 《行政处罚法》　　　　　　　B. 《民法典》
   C. 《国籍法》　　　　　　　　　D. 《政府采购法》

考点 2　法的形式【重要】

1. 【多选】我国法的形式包括（　　）。
   A. 宪法　　　　　　　　　　　　B. 行政法规
   C. 宗教法　　　　　　　　　　　D. 部门规章
   E. 习惯法

2. 【单选】宪法是由（　　）依照特别程序制定的具有最高效力的根本法。
   A. 全国人民代表大会
   B. 全国人民代表大会常务委员会
   C. 省级人民政府
   D. 国务院

3. 【单选】根据我国法律体系，法律效力从高到低排列的是（　　）。
   A. 《北京市建设工程房屋拆迁管理办法》《建设工程安全生产管理条例》《建筑法》《宪法》
   B. 《宪法》《建筑法》《建设工程安全生产管理条例》《北京市建设工程房屋拆迁管理办法》
   C. 《宪法》《建设工程安全生产管理条例》《建筑法》《北京市建设工程房屋拆迁管理办法》
   D. 《建筑法》《宪法》《建设工程安全生产管理条例》《北京市建设工程房屋拆迁管理办法》

4. 【多选】下列选项中，属于只能由法律规定的事项的有（　　）。
   A. 对非国有财产的征收、征用
   B. 民事基本制度
   C. 民族区域自治制度、特别行政区制度、基层群众自治制度

D. 税种的设立、税率的确定和税收征收管理等税收基本制度

E. 宪法规定的国务院行政管理职权的事项

5. 【多选】下列属于行政法规的有（　　）。
   A. 《建设工程勘察设计管理条例》
   B. 《建设工程质量管理条例》
   C. 《天津市住宅管理条例》
   D. 《建设工程安全生产管理条例》
   E. 《招标公告发布暂行办法》

6. 【单选】《北京市建筑市场管理条例》所属的法的形式是（　　）。
   A. 法律　　　　　　　　　　　　B. 行政法规
   C. 地方性法规　　　　　　　　　D. 部门规章

7. 【单选】下列规范性法律文件中，属于地方政府规章的是（　　）。
   A. 《民法典》
   B. 《安徽省建设工程造价管理条例》
   C. 《北京市建筑市场管理条例》
   D. 《市政公用设施抗灾设防管理规定》

8. 【单选】根据我国法的形式，《市政公用设施抗灾设防管理规定》属于（　　）。
   A. 地方性法规　　　　　　　　　B. 部门规章
   C. 行政法规　　　　　　　　　　D. 地方政府规章

考点 3　法的效力层级【必会】

1. 【单选】关于法的效力层级，下列表述中错误的是（　　）。
   A. 宪法至上　　　　　　　　　　B. 新法优于旧法
   C. 特别法优于一般法　　　　　　D. 一般法优于特别法

2. 【单选】按照上位法与下位法的法律地位与效力，下列说法中，错误的是（　　）。
   A. 《建筑法》高于《建设工程质量管理条例》
   B. 《建设工程质量管理条例》高于《注册建造师管理规定》
   C. 《建设工程安全生产管理条例》高于《建设工程施工现场管理规定》
   D. 《北京市建筑市场管理条例》高于《河北省建筑市场管理条例》

3. 【单选】关于法的效力层级的说法，正确的是（　　）。
   A. 当一般规定与特别规定不一致时，优先适用一般规定
   B. 地方性法规的效力高于本级地方政府规章
   C. 特殊情况下，法律、法规可以违背宪法
   D. 行政法规的法律地位仅次于宪法

4. 【单选】部门规章与地方性法规对同一事项的规定不一致，不能确定如何适用时，（　　）。
   A. 由国务院提出意见
   B. 由国务院作出裁决
   C. 由人民代表大会提出意见
   D. 由国务院会同人民代表大会裁决

5.【多选】当地方性法规、规章之间不一致时，由有关机关依照规定的权限作出裁决，下列说法正确的有（   ）。
   A. 同一机关制定的新的一般规定与旧的特别规定不一致时，由制定机关裁决
   B. 地方性法规与部门规章之间对同一事项的规定不一致，不能确定如何适用时，由国务院裁决
   C. 部门规章之间、部门规章与地方政府规章之间对同一事项的规定不一致时，由国务院裁决
   D. 地方性法规与部门规章之间对同一事项的规定不一致，国务院认为应当适用地方性法规的，应当决定在该地方适用地方性法规的规定
   E. 地方性法规与部门规章之间对同一事项的规定不一致，国务院认为应当适用部门规章的，应当提请全国人民代表大会常务委员会裁决

第二节 建设工程物权制度

■ 知识脉络

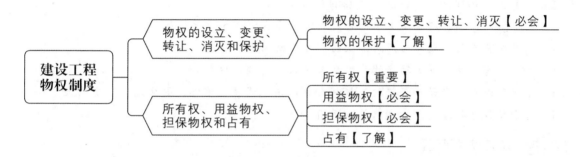

考点 1 物权的设立、变更、转让、消灭【必会】

1.【多选】关于不动产物权设立的说法，正确的有（   ）。
   A. 经依法登记，发生设立效力
   B. 不动产买卖合同一经签字盖章，无相反情形，合同生效
   C. 依法属于国家所有的自然资源，所有权必须登记
   D. 未经登记，不动产交易合同无效
   E. 不动产物权的设立、变更登记属于自愿登记，国家不进行强制

2.【单选】当事人之间订立转让不动产物权的合同，未办理物权登记的，除法律另有规定或者合同另有约定外，（   ）。
   A. 合同不生效   B. 合同无效
   C. 合同终止   D. 不影响合同效力

3.【多选】关于不动产物权变动的说法，正确的有（   ）。
   A. 不动产物权的设立、变更登记，自记载于不动产登记簿时发生效力
   B. 不动产物权的变更和转让，经依法登记，发生效力
   C. 不动产登记，由申请人所在地的登记机构办理
   D. 依法属于集体所有的自然资源，所有权可以不登记

E. 不动产物权的设立和消灭，未经登记，不发生效力，但法律另有规定的除外

4. 【单选】动产物权的设立和转让，除法律另有规定外，自（　　）时发生效力。
   A. 占有
   B. 交付
   C. 登记
   D. 合同成立

考点 2　物权的保护【了解】

1. 【单选】关于物权保护的说法，正确的是（　　）。
   A. 物权受到侵害的，权利人不能通过和解方式解决
   B. 妨害物权或者可能妨害物权的，权利人可以请求排除妨害或者消除危险
   C. 侵害物权的，承担民事责任后，不再承担行政责任
   D. 因物权的归属、内容发生争议的，利害关系人应当请求返还原物

2. 【多选】物权人的物权受到侵害的，权利人可以通过（　　）等途径解决。
   A. 和解
   B. 公证
   C. 调解
   D. 诉讼
   E. 仲裁

3. 【多选】关于物权保护的说法，正确的有（　　）。
   A. 因物权的归属、内容发生争议的，利害关系人可以请求确认权利
   B. 无权占有不动产或者动产的，权利人可以请求返还原物
   C. 无权占有不动产或者动产的，权利人应该请求确认权利
   D. 造成不动产或者动产毁损的，权利人可以请求修理、重作、更换或者恢复原状
   E. 对于物权保护方式，不可以单独适用

考点 3　所有权【重要】

1. 【单选】在财产所有权中，所有权内容的核心是（　　）。
   A. 占有权
   B. 使用权
   C. 收益权
   D. 处分权

2. 【单选】对财产的实际利用和运用的权能是（　　）。
   A. 占有权
   B. 使用权
   C. 收益权
   D. 处分权

3. 【单选】关于所有权的说法，正确的是（　　）。
   A. 所有权在法律上受到绝对保护，任何权利都不能限制所有权
   B. 所有权的权能包括占有权、居住权、处分权
   C. 占有权是行使物的使用权的前提条件，是所有权人行使财产所有权的一种方式
   D. 使用权包括对所有物的收益权

考点 4　用益物权【必会】

1. 【多选】下列权利中，属于用益物权的有（　　）。
   A. 地役权
   B. 宅基地使用权
   C. 建设用地使用权
   D. 宅基地所有权
   E. 土地承包经营权

2. 【单选】某建设单位需要使用相邻企业的场地开辟道路以便于就近运输建筑材料。双方订立合同，约定由建设单位向该企业支付用地费用，该企业向此建设单位提供场地。在此合同中，建设单位拥有的权利是（　　）。
   A. 相邻权
   B. 地役权
   C. 土地出租权
   D. 建设用地使用权

3. 【多选】李某在自己承包的土地上出入不便，遂与王某书面约定在王某承包的土地上开辟一条道路供李某通行，但没有进行登记。关于该约定性质和效力的说法，正确的有（　　）。
   A. 该约定属于有关相邻关系的约定
   B. 该约定属于土地承包合同
   C. 该约定属于地役权合同
   D. 没有进行登记影响合同效力
   E. 如果李某将其承包的土地转让给他人，受让人有权在王某承包的土地上通行

4. 【单选】甲房地产公司在A地块开发住宅小区，为满足该小区住户观景的需要，便与相邻的乙工厂协商约定，甲公司支付乙工厂800万元，乙工厂在20年内不在本厂区建设15m以上的建筑物，以免遮挡住户观景。合同签订生效后甲公司即支付了全部款项。后来，甲公司将A地块的建设用地使用权转让给丙置业公司。关于A地块权利的说法，正确的是（　　）。
   A. 甲公司对乙工厂的土地拥有地役权
   B. 甲公司对乙工厂的土地拥有担保物权
   C. 甲公司约定的权利自合同公证后获得
   D. 甲公司转让A地块后，丙公司不享有该项权利

5. 【单选】甲、乙、丙三户人家相邻而居，甲为自己生活出行方便，于2020年约定：甲借用乙院内道路通行，期限15年，甲一次性支付给乙10万元补偿费。2023年，甲将该处房产转让给了丙，并拟定下列情形处置该地役权，其中符合《民法典》规定的是（　　）。
   A. 甲可以将房产所有权及土地使用权转让给丙，自己保留地役权
   B. 甲无权转让该地役权，倘若甲将其房产出售给丙，该地役权就此灭失
   C. 甲将房产所有权及土地使用权和地役权一并转让给丙
   D. 甲可以单独将地役权转让给丙

6. 【单选】甲公司与乙公司的院落相邻。甲为方便自己车辆进出，遂与乙约定：甲借用乙院内道路通行，期限20年，甲一次性支付给乙50万元补偿费。双方签订合同并办理了地役权登记，2年后，甲拟定了下列方案，其中符合《民法典》规定的是（　　）。
   A. 甲拟将全部房产所有权及土地使用权转让给丙，自己保留地役权
   B. 甲拟将房产所有权及土地使用权和地役权一并转让给丙
   C. 甲拟单独将地役权转让给丁物业公司
   D. 甲拟将房产所有权及土地使用权转让给丙，而将地役权转让给丁

7. 【单选】建设用地使用权自（　　）时建立。
   A. 土地交付
   B. 转让
   C. 登记
   D. 支付出让金

8. 【单选】根据《民法典》的规定，草地的承包期为（ ）年。
   A. 30~70 B. 40~60
   C. 30~50 D. 40~70

9. 【多选】甲开发企业于2022年3月1日取得了一宗住宅土地的使用权，2023年3月1日拟转让给乙施工企业。下列表述中，正确的有（ ）。
   A. 未经建设用地使用权出让部门批准，不得转让
   B. 甲、乙应该签订书面的转让合同，并办理变更登记
   C. 转让合同约定的年限不得超过土地的剩余年限
   D. 乙自合同签订取得该土地的使用权
   E. 如果土地上已经有了建筑物，则该建筑物同土地必须一同转让给乙

考点 5 担保物权【必会】

1. 【单选】下列财产可以抵押的是（ ）。
   A. 土地所有权
   B. 所有权有争议的财产
   C. 海域使用权
   D. 拟建造的船舶

2. 【单选】下列关于抵押物的说法，正确的是（ ）。
   A. 可以以正在建造的建筑物抵押，抵押权自登记时设立
   B. 可以以正在建造的建筑物抵押，抵押权自签订抵押合同时设立
   C. 可以以正在建造的建筑物抵押，抵押权自建筑物竣工验收时设立
   D. 正在建造的建筑物不可以抵押

3. 【单选】某建设单位为保证还贷，2024年3月2日与某银行达成一致，将该企业拥有的塔吊抵押。3月10日双方专门签署了抵押合同，并于4月5日办理了登记手续，4月10日正式将手续移交银行，则银行的抵押权自（ ）设立。
   A. 2024年3月2日 B. 2024年3月10日
   C. 2024年4月5日 D. 2024年4月10日

4. 【单选】关于抵押权实现的说法，正确的是（ ）。
   A. 抵押物折价后，其价款超过债权数额的部分归债务人所有，不足部分由债务人清偿
   B. 债务履行期届满抵押人未受清偿的，可以与抵押人协议以拍卖该抵押物所得价款受偿
   C. 债务履行期届满抵押权人未受清偿，抵押双方协议不成的，抵押权人可以直接占有抵押物
   D. 同一财产向两个以上债权人抵押，抵押合同已登记生效的，拍卖、变卖抵押物所得价款按债权比例清偿

5. 【单选】下列权利证书中，不可以进行质押的是（ ）。
   A. 存款单 B. 提单
   C. 仓单 D. 房屋产权证书

6. 【多选】关于留置权的说法，正确的有（ ）。
   A. 留置的标的可以是不动产

B. 不转移对物的占有是留置与质押的显著区别

C. 留置权人负有妥善保管留置财产的义务

D. 留置物留置期间债权人不能与债务人协议处理留置物

E. 留置权基于法定而产生

7. 【多选】关于留置权的说法，正确的有（　　）。

A. 可以留置的财产仅限于合法占有的财产

B. 留置权人与债务人可以约定留置财产后的债务履行期限

C. 没有约定或者约定债务履行期限不明确的，留置权人应当给债务人 30 日以上的履行期限

D. 留置权人负有妥善保管留置财产的义务

E. 债务人逾期未履行的，留置权人可以与债务人协议以留置财产折价

8. 【单选】甲仓库为乙单位保管 500 吨水泥，每吨水泥的市场价约为 310 元，双方约定保管费用为 3000 元，乙单位没能按约定支付保管费用，则甲仓库可以（　　）。

A. 行使质押权变卖全部水泥
B. 行使质押权变卖部分水泥
C. 行使留置权变卖全部水泥
D. 行使留置权变卖部分水泥

考点 6　占有【了解】

【多选】关于占有的说法，错误的有（　　）。

A. 占有可以分为自主占有和他主占有

B. 他主占有是指占有人以所有的意思对物从事的占有

C. 占有人返还原物的请求权，自侵占发生之日起 30 日内未行使的，该请求权消灭

D. 在施工过程中，施工企业对施工场地的占有属于他主占有

E. 占有是指占有人对不动产的实际控制

第三节　建设工程知识产权制度

知识脉络

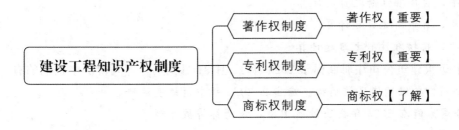

考点 1　著作权【重要】

1. 【单选】法人或者其他作者的作品，其获得报酬权的保护期为 50 年，截止于（　　）后第 50 年的 12 月 31 日。

A. 法人设立
B. 法人终止
C. 作品被创作
D. 作品首次发表

2. 【单选】关于著作权主体的说法，正确的是（   ）。
   A. 著作权的主体只能是自然人、法人或者非法人组织
   B. 投标文件属于单位作品，著作权完全归单位所有
   C. 职务作品的著作权完全由作者享有
   D. 受委托创作的作品，合同未作明确约定时，著作权属于委托人

3. 【单选】关于著作权的说法，正确的是（   ）。
   A. 单位作品的著作权归单位法定代表人所有
   B. 自然人的作品，其发表权、使用权和获得报酬权的保护期为作者终生
   C. 自然人的软件著作权，保护期为自然人终生及其死亡后50年
   D. 法人或者非法人组织的作品，其署名权的保护期为50年

考点 2　专利权【重要】

1. 【单选】李某经过长期研究发明了新型混凝土添加剂，2023年2月5日向国家专利局提出了专利申请，4月5日国家专利局将其专利公告，2024年3月15日授予李某专利权。该专利权届满的期限是（   ）。
   A. 2043年2月5日
   B. 2033年2月5日
   C. 2044年3月15日
   D. 2043年4月5日

2. 【单选】授予专利权的条件中，不属于发明和实用新型专利权条件的是（   ）。
   A. 新颖性
   B. 创造性
   C. 适于工业应用
   D. 实用性

考点 3　商标权【了解】

1. 【单选】关于注册商标有效期的说法，正确的是（   ）。
   A. 10年，自申请之日起计算
   B. 10年，自核准注册之日起计算
   C. 20年，自申请之日起计算
   D. 20年，自核准注册之日起计算

2. 【多选】远大建筑公司注册商标于2024年12月31日到期，下列说法中正确的有（   ）。
   A. 如公司需要继续使用该商标，应当在2024年申请续展注册
   B. 如公司未能在2024年提出续展申请，该商标将被注销
   C. 如公司未能在2024年提出续展申请，可以给予6个月的宽展期
   D. 如公司未能在2025年6月30日前提出续展申请，其注册商标将被注销
   E. 公司在2024年向工商管理机构申请了续展注册的，续展注册的有效期为15年

第四节 建设工程侵权责任制度

■ 知识脉络

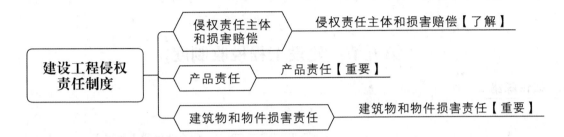

考点 1　侵权责任主体和损害赔偿【了解】

【单选】下列不属于侵权行为的归责原则的是（　　）。
A. 过错责任原则
B. 无过错责任原则
C. 公平责任原则
D. 等价有偿原则

考点 2　产品责任【重要】

1. 【单选】关于产品责任中被侵权人的请求途径，以下说法正确的是（　　）。
   A. 被侵权人只能向产品的生产者请求赔偿
   B. 被侵权人只能向产品的销售者请求赔偿
   C. 如果产品缺陷由生产者造成，销售者无权向生产者追偿
   D. 如果因运输者的过错使产品存在缺陷，产品的生产者、销售者赔偿后，有权向运输者追偿

2. 【多选】关于产品责任的说法，正确的有（　　）。
   A. 因产品存在缺陷造成他人损害的，生产者应当承担侵权责任
   B. 因产品存在缺陷造成他人损害的，被侵权人可以向产品的生产者请求赔偿，也可以向产品的销售者请求赔偿
   C. 因运输者、仓储者等第三人的过错使产品存在缺陷，造成他人损害的，产品的生产者、销售者赔偿后，有权向第三人追偿
   D. 产品投入流通后发现存在缺陷的，生产者、销售者未及时采取补救措施或者补救措施不力造成损害扩大的，对扩大的损害无须承担侵权责任
   E. 因产品缺陷危及他人人身、财产安全的，被侵权人有权请求生产者、销售者承担停止侵害、排除妨碍、消除危险等侵权责任

考点 3　建筑物和物件损害责任【重要】

1. 【单选】建筑物倒塌造成他人损害的，由（　　）承担连带责任，能够证明不存在质量缺陷的除外。
   A. 所有人和建设单位
   B. 使用人和建设单位

C. 建设单位和施工企业　　　　　　　　D. 管理人和施工企业

2.【单选】关于从建筑物中抛掷物品致人损害责任承担的说法，正确的是（　　）。

　A. 由物业服务企业承担侵权责任

　B. 由侵权人和物业服务企业共同承担侵权责任

　C. 由建筑物的所有使用人共同给予补偿

　D. 难以确定具体侵权人的，由可能加害的建筑物使用人给予补偿

第五节　建设工程税收制度

■ 知识脉络

考点 1　企业增值税【重要】

1.【单选】关于增值税应纳税额计算的说法，正确的是（　　）。

　A. 纳税人兼营不同税率的项目，应当分别核算不同税率项目的销售额；未分别核算销售额的，从低适用税率

　B. 小规模纳税人发生应税销售行为，实行按照销售额和征收率计算应纳税额的简易办法，可以抵扣进项税额

　C. 当期销项税额小于当期进项税额不足抵扣时，其不足部分不再结转下期继续抵扣

　D. 纳税人销售货物、劳务、服务、无形资产、不动产，应纳税额为当期销项税额抵扣当期进项税额后的余额

2.【多选】根据《增值税暂行条例》，下列行为中，应当按销售服务征收增值税的有（　　）。

　A. 提供贷款服务　　　　　　　　　　　B. 销售房地产

　C. 提供加工、修理修配劳务　　　　　　D. 将房屋出租

　E. 提供建筑服务

考点 2　环境保护税【重要】

1.【单选】关于环境保护税应税污染物计税依据的确定方法，正确的是（　　）。

　A. 应税大气污染物按照大气污染物的排放量确定

　B. 应税水污染物按照污染物排放量折合的污染当量数确定

　C. 应税固体废物按照污染物排放量折合的污染当量数确定

　D. 应税噪声按照产生噪声的分贝数确定

2.【多选】下列情形中，不可以免征环境保护税的有（　　）。

　A. 生产化学用品加工企业直接排放的污染物

　B. 农业生产（不包括规模化养殖）排放应税污染物的

C. 依法设立的污水集中处理、生活垃圾集中处理场所排放相应应税污染物，超过国家和地方规定的排放标准的

D. 纳税人综合利用的固体废物，符合国家、地方环境保护标准的

E. 机动车排放的尾气

第六节　建设工程行政法律制度

■ 知识脉络

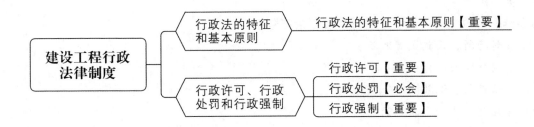

考点 1　行政法的特征和基本原则【重要】

1. 【多选】根据相关规定，行政法的基本原则包括（　　）。

　　A. 依法行政原则　　　　　　　　　　B. 诚信原则

　　C. 适用行政法人人平等原则　　　　　D. 高效便民原则

　　E. 程序正当原则

2. 【单选】关于行政法基本原则的说法，正确的是（　　）。

　　A. 行政合理性原则的基本内涵包括比例原则和公众参与两个方面

　　B. 依法行政原则是行政法的首要原则

　　C. 依据高效便民原则，行政主体在必要情况下可以进行"钓鱼执法"

　　D. 依据程序正当原则，行政主体对其作出的行政行为不得任意反悔

考点 2　行政许可【重要】

【多选】下列事项中，可以设定行政许可的有（　　）。

　　A. 有限自然资源开发利用，需要赋予特定权利的事项

　　B. 企业或者其他组织的设立，需要确定主体资格的事项

　　C. 市场竞争机制能够有效调节的事项

　　D. 行业组织能够自律管理的事项

　　E. 行政机关采用事后监督等其他行政管理方式能够解决的事项

考点 3　行政处罚【必会】

1. 【多选】下列责任种类中，属于行政处罚的有（　　）。

　　A. 警告　　　　　　　　　　　　　　B. 行政拘留

　　C. 罚金　　　　　　　　　　　　　　D. 排除妨碍

　　E. 没收财产

2. 【多选】下列责任中，属于行政处罚的有（　　）。
   A. 责令停产停业
   B. 罚金
   C. 暂扣或者吊销执照
   D. 索赔损失
   E. 行政拘留

考点 4　行政强制【重要】

1. 【多选】下列属于行政强制措施的有（　　）。
   A. 排除妨碍、恢复原状
   B. 代履行
   C. 划拨存款
   D. 限制公民人身自由
   E. 冻结汇款

2. 【多选】行政法规可以设定的行政强制措施包括（　　）。
   A. 查封场所、设施或者财物
   B. 限制公民人身自由
   C. 冻结存款、汇款
   D. 依法处理查封、扣押的场所
   E. 扣押财物

第七节　建设工程刑事法律制度

■ 知识脉络

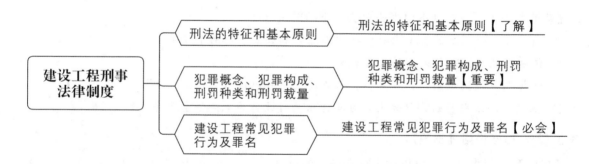

考点 1　刑法的特征和基本原则【了解】

【单选】刑法所保护的社会关系具有（　　）。
A. 特定性
B. 普遍性
C. 临时性
D. 阶级性

考点 2　犯罪概念、犯罪构成、刑罚种类和刑罚裁量【重要】

1. 【单选】下列选项中，属于附加刑的是（　　）。
   A. 拘役
   B. 管制
   C. 剥夺政治权利
   D. 有期徒刑

2. 【单选】下列情形中，应当对犯罪分子予以减刑的是（　　）。
   A. 犯罪情节较轻的
   B. 遵守监规，确有悔改表现的
   C. 阻止他人重大犯罪活动的
   D. 已满75周岁的

考点 3　建设工程常见犯罪行为及罪名【必会】

1. 【单选】项目经理强令作业人员违章冒险作业，因而发生重大伤亡事故或者造成其他严重后果的，其行为构成（　　）。
   A. 重大劳动安全事故罪　　　　　　B. 重大责任事故罪
   C. 工程重大安全事故罪　　　　　　D. 危害公共安全罪

2. 【单选】在施工过程中，某施工企业的安全生产条件不符合国家规定，致使多人重伤、死亡。该施工企业的行为构成（　　）。
   A. 重大责任事故罪　　　　　　　　B. 重大劳动安全事故罪
   C. 强令违章冒险作业罪　　　　　　D. 工程重大安全事故罪

3. 【单选】两家施工企业协商后同时参加一个项目的投标，给建设单位造成重大损失，则两家施工企业直接责任人应承担的刑事责任是（　　）。
   A. 徇私舞弊罪　　　　　　　　　　B. 玩忽职守罪
   C. 串通投标罪　　　　　　　　　　D. 重大责任事故罪

PART 2

第二章
建筑市场主体制度

学习计划:

第一节 建筑市场主体的一般规定

■ 知识脉络

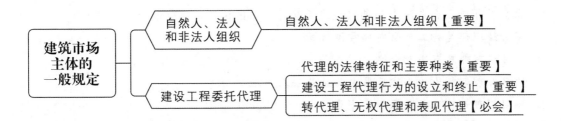

考点 1　自然人、法人和非法人组织【重要】

1.【单选】根据《民法典》的规定，法人是具有（　　），依法独立享有民事权利和承担民事义务的组织。

　　A. 法定代表人

　　B. 独立的经费

　　C. 法定的专业资质

　　D. 民事权利能力和民事行为能力

2.【多选】法人应当具备的条件包括（　　）。

　　A. 有法定代表人

　　B. 能够独立承担无限民事责任

　　C. 依法成立

　　D. 有自己的住所、财产或者经费

　　E. 有项目经理

3.【单选】法人可以分为（　　）。

　　A. 行政法人、事业法人、企业法人

　　B. 营利法人、非营利法人、特别法人

　　C. 企业法人、事业法人、特别法人

　　D. 企业法人、非企业法人、社团法人

4.【单选】下列选项中，属于特别法人的是（　　）。

　　A. 事业单位　　　　　　　　　　　　　　B. 社会团体

　　C. 农村集体经济组织　　　　　　　　　　D. 有限责任公司

5.【多选】关于项目经理部及其行为法律后果的说法，正确的有（　　）。

　　A. 其行为的法律后果由项目经理承担

　　B. 不具备法人资格

　　C. 施工企业为完成某项工程建设任务而设立的组织

　　D. 其行为的法律后果由项目经理部承担

E. 其行为的法律后果由企业法人承担

6. 【单选】关于施工企业法人与项目经理部法律关系的说法，错误的是（   ）。
   A. 项目经理部不具备法人资格
   B. 项目经理部行为的法律后果由企业法人承担
   C. 项目经理是企业法人授权在建设工程施工项目的管理者
   D. 项目经理部是施工企业内部常设机构

7. 【单选】关于施工企业法人与项目经理部法律关系的说法，正确的是（   ）。
   A. 项目经理部是施工企业内部常设机构
   B. 项目经理部具有法人资格
   C. 项目经理部行为的法律后果由其企业法人承担
   D. 项目经理部可以独立承担民事责任

8. 【单选】关于施工企业法人与项目经理部、项目经理法律关系的说法，正确的是（   ）。
   A. 项目经理是施工企业的法定代表人
   B. 项目经理是企业法定代表人授权在建设工程施工项目的管理者
   C. 项目经理部行为的法律后果由法定代表人承担
   D. 项目经理部是施工企业内部常设机构

9. 【单选】施工企业项目经理部经营活动的法律后果由（   ）承担。
   A. 项目经理部
   B. 企业法人
   C. 企业法定代表人
   D. 项目经理部与企业法人

考点 2　代理的法律特征和主要种类【重要】

1. 【单选】根据《民法典》的规定，关于代理的说法，正确的是（   ）。
   A. 代理人在授权范围内实施代理行为的法律后果由被代理人承担
   B. 代理人可以超越代理权实施代理行为
   C. 被代理人对代理人的一切行为承担民事责任
   D. 代理是代理人以自己的名义实施民事法律行为

2. 【多选】根据《民法典》的规定，代理的种类包括（   ）。
   A. 委托代理
   B. 复代理
   C. 指定代理
   D. 法定代理
   E. 特别代理

考点 3　建设工程代理行为的设立和终止【重要】

1. 【多选】下列人员可以被委托为诉讼代理人的有（   ）。
   A. 律师
   B. 基层法律服务工作者
   C. 未成年人
   D. 当事人的亲属
   E. 当事人的工作人员

2. 【多选】书面形式的授权委托书应当载明的内容包括（   ）。
   A. 代理人的姓名或者名称
   B. 代理的费用
   C. 代理事项
   D. 代理的权限和期限

E. 被代理人的姓名或者名称

3. 【单选】关于委托代理终止情形的说法，错误的是（　　）。
   A. 被代理人取消委托
   B. 代理事务完成
   C. 被代理人恢复民事行为能力
   D. 代理人丧失民事行为能力

4. 【多选】根据《民法典》的规定，委托代理终止的情形有（　　）。
   A. 代理事务完成
   B. 代理人死亡
   C. 代理人辞去委托
   D. 被代理人丧失民事行为能力
   E. 代理人丧失民事行为能力

考点 4　转代理、无权代理和表见代理【必会】

1. 【单选】老李急需一批装修材料，委托小王与材料公司甲签订合同，因为赶时间，小王在途中发生车祸受重伤，他便委托朋友小张与材料公司甲按约定签订了购买装修材料的合同。关于此事件，下列说法正确的是（　　）。
   A. 老李应当拒绝承认此合同
   B. 小王应当为小张的行为负责
   C. 小王应当先取得老李的同意，才能委托小张
   D. 小张的代理行为有效，老李应当承认该购买合同

2. 【单选】关于无权代理的说法，错误的是（　　）。
   A. 自始未授权构成无权代理
   B. 无权代理是表见代理
   C. 无权代理可转化为有权代理
   D. 无权代理可能超越了代理权限

3. 【单选】甲公司的业务员王某被开除后，为报复甲公司，用盖有甲公司公章的空白合同书与乙公司订立一份建材购销合同。乙公司并不知情，并按时将货物送至甲公司所在地，甲公司拒绝接收，引起纠纷。关于该案代理与合同效力的说法，正确的是（　　）。
   A. 王某的行为是无权代理，合同无效
   B. 王某的行为是表见代理，合同无效
   C. 王某的行为是委托代理，合同有效
   D. 王某的行为是表见代理，合同有效

第二节　建筑业企业资质制度

知识脉络

- 建筑业企业资质条件和等级 —— 建筑业企业资质条件和等级【了解】
- 建筑业企业资质的申请、许可、延续和变更
  - 建筑业企业资质的延续和变更【必会】
  - 禁止无资质、越级、以他企业名义承揽工程的规定【重要】

考点 1 建筑业企业资质条件和等级【了解】

1. 【单选】关于企业申请资质条件中净资产的说法，正确的是（   ）。
   A. 净资产是指企业拥有的资产
   B. 净资产是指企业的注册资本金
   C. 净资产应当以企业申请资质前3年度财务报表中净资产的平均额为准
   D. 净资产即所有者权益

2. 【单选】根据《建设工程企业资质管理制度改革方案》，下列关于施工企业资质类别和等级的说法，正确的是（   ）。
   A. 施工总承包甲级资质可以承担各行业、各等级施工总承包业务
   B. 专业承包资质和专业作业资质不分等级
   C. 专业作业资质由审批制改为备案制
   D. 施工总承包乙级资质承包业务规模不受限制

考点 2 建筑业企业资质的延续和变更【必会】

1. 【单选】根据《建筑业企业资质管理规定》，关于施工企业资质证书的说法，正确的是（   ）。
   A. 资质许可机关未在企业资质证书有效期届满前作出是否准予延续资质证书决定的，视为不准予延续
   B. 企业发生合并、分立、重组以及改制等事项，可以直接承继原施工企业资质
   C. 资质证书有效期届满，未依法申请延续的，资质许可机关应当撤回其资质证书
   D. 项目未取得施工许可证，施工企业擅自施工的，资质许可机关不予批准该施工企业的资质升级申请和增项申请

2. 【单选】关于施工企业资质证书的申请、延续和变更的说法，正确的是（   ）。
   A. 企业首次申请资质应当申请最低等级资质，但增项申请资质不必受此限制
   B. 施工企业发生合并需承继原建筑业企业资质的，不必重新核定建筑业企业资质等级
   C. 被撤回建筑业企业资质证书的企业，可以在资质被撤回后6个月内，向资质许可机关提出核定低于原等级同类别资质的申请
   D. 资质许可机关逾期未作出资质准予延续决定的，视为准予延续

3. 【单选】根据《建筑业企业资质管理规定》，资质证书有效期为（   ）年。
   A. 6   B. 5
   C. 4   D. 3

4. 【单选】根据《建筑业企业资质管理规定》，应当注销建筑业企业资质的情形是（   ）。
   A. 资质许可机关工作人员滥用职权、玩忽职守准予资质许可的
   B. 资质证书有效期届满，未依法申请延续的
   C. 企业不再符合相应建筑业企业资质标准要求条件的
   D. 允许其他企业或个人以本企业的名义承揽工程的

考点 3 禁止无资质、越级、以他企业名义承揽工程的规定【重要】

1. 【单选】某工程由甲公司承包，施工现场检查发现，工程项目管理部的项目经理、技术负责

人、质量管理员和安全管理员都不是甲公司的职工，而是丙公司的职工。丙公司的行为视同（　　）。

A. 用其他建筑企业的名义承揽工程

B. 允许他人以本企业名义承揽工程

C. 与他人联合承揽工程

D. 违法分包

2.【单选】下列行为符合承包建筑工程的单位承揽工程规定的是（　　）。

A. 建筑施工企业可允许其他单位以本企业的名义承揽工程

B. 建筑企业可以借用其他建筑施工企业的名义承揽工程

C. 承包建筑工程的单位应在其资质等级许可的业务范围内承揽工程

D. 建筑施工企业可以超越本企业资质等级许可的业务范围承揽工程

第三节　建造师注册执业制度

知识脉络

考点 1　建造师注册、受聘和执业范围【必会】

1.【单选】取得建造师资格证书的张某2022年3月受聘并注册于甲公司，由于工作单位变动于2023年6月变更注册到乙公司，其变更后注册有效期的截止时间为（　　）。

A. 2025年3月   B. 2026年3月

C. 2025年6月   D. 2026年6月

2.【单选】注册证书与执业印章有效期为（　　）年，注册有效期满需继续执业的，应当在注册有效期届满（　　）日前，按照规定申请延续注册。

A. 2，30   B. 2，60

C. 3，30   D. 3，60

3.【单选】关于取得二级建造师资格证书的人员申请注册的说法，正确的是（　　）。

A. 申请注册不受年龄的限制

B. 聘用单位不符合注册单位要求的，不予注册

C. 可以申请在两个单位注册

D. 受到的刑事处罚与执业活动无关的，不影响注册

4.【单选】根据《注册建造师执业管理办法（试行）》，注册建造师不得同时担任两个及以上建设工程施工项目负责人，（　　）除外。

A. 合同约定的工程验收合格的

B. 合同约定的工程尚未开工的

C. 合同约定的工程主体已经完成的

D. 因非承包方原因致使工程项目停工超过120天的

5.【单选】注册建造师担任施工项目负责人，在其承建的工程项目竣工验收手续办结前，可以变更注册至另一个企业的情形是（　　）。

A. 同一工程分期施工

B. 发包方同意更换项目负责人

C. 承包方同意更换项目负责人

D. 停工超过120天，承包方认为需要调整的

考点 2　建造师基本权利和义务【重要】

1.【多选】下列选项中，注册建造师享有的权利包括（　　）。

A. 使用注册建造师名称

B. 保管和使用本人注册证书、执业印章

C. 在执业范围外从事相关专业的执业活动

D. 对侵犯本人权利的行为进行申述

E. 介入与自己有利害关系的商务

2.【单选】下列属于注册建造师享有的权利的是（　　）。

A. 超出聘用单位业务范围从事执业活动

B. 在两个或两个以上单位受聘或执业

C. 允许信得过的人以自己的名义从事执业活动

D. 对本人执业活动进行解释和辩护

3.【单选】下列属于注册建造师的义务的是（　　）。

A. 使用注册建造师名称

B. 使用本人注册证书、执业印章

C. 执行技术标准、规范和规程

D. 对本人执业活动进行解释和辩护

4.【多选】建造师应当履行的基本义务包括（　　）。

A. 获得劳动报酬

B. 保管和使用本人注册证书、执业印章

C. 接受继续教育，努力提高执业水准

D. 在本人执业活动中形成的文件上签字并盖章

E. 保守执业过程中知悉的国家秘密和他人的商业、技术秘密

5.【多选】注册机关可以撤销注册建造师注册的情形包括（　　）。

A. 注册机关工作人员滥用职权作出准予注册许可的

B. 超越法定权限作出准予注册许可的

C. 违反法定程序作出准予注册许可的

D. 采用弄虚作假手段取得继续教育证书的

E. 向不符合条件的申请人颁发注册证书的

第四节　建筑市场主体信用体系建设

■ 知识脉络

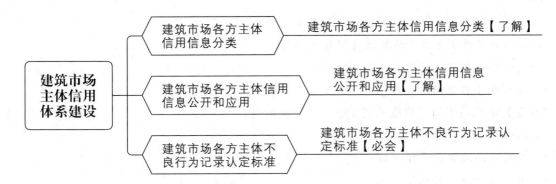

考点 1　建筑市场各方主体信用信息分类【了解】

1.【单选】下列建筑市场信用信息的说法，正确的是（　　）。

　A. 违反有关法律受到县级以上住房城乡建设主管部门行政处罚的信息属于不良信用信息

　B. 优良信用信息是指建筑市场各方主体在工程建设活动中获得的省级以上行政机关表彰奖励等信息

　C. 注册登记信息、资质信息、工程项目信息不属于建筑市场信用信息

　D. 建筑市场信用信息由优良信用信息、不良信用信息构成

2.【单选】建筑市场不良信用信息公开期限一般为（　　）。

　A. 6 个月　　　　　　　　　　　　B. 6 个月至 3 年

　C. 1 年至 3 年　　　　　　　　　　D. 3 年

考点 2　建筑市场各方主体信用信息公开和应用【了解】

【单选】下列情形中，应列入建筑市场主体"黑名单"的是（　　）。

　A. 利用虚假材料、以欺骗手段取得企业资质的

　B. 发生违法分包，受到行政处罚的

　C. 发生出借资质的

　D. 经法院判决或仲裁机构裁决，认定为拖欠工程款的

考点 3　建筑市场各方主体不良行为记录认定标准【必会】

1.【多选】下列属于施工单位资质不良行为的有（　　）。

　A. 未按照节能设计进行施工

　B. 超越本单位资质等级承揽工程

　C. 允许其他单位或个人以本单位名义承揽工程

　D. 未在规定期限内办理资质变更手续

　E. 不履行保修义务或者拖延履行保修义务

2. 【单选】按照《全国建筑市场各方主体不良行为记录认定标准》，下列属于施工单位资质不良行为的是（　　）。
   A. 以他人名义投标
   B. 允许他人以本单位名义承揽工程
   C. 违法向他人分包工程
   D. 转让安全生产许可证

3. 【单选】根据《全国建筑市场各方主体不良行为记录认定标准》，下列属于承揽业务不良行为的是（　　）。
   A. 允许其他单位或个人以单位名义承揽工程的
   B. 不履行保修义务或者拖延履行保修义务的
   C. 将承包的工程转包或者违法分包的
   D. 未按照节能设计施工的

4. 【单选】下列属于施工单位承揽业务不良行为的是（　　）。
   A. 将承包的工程转包
   B. 未对商品混凝土进行检测
   C. 未取得资质证书承揽工程
   D. 恶意拖欠劳动者工资

5. 【单选】按照《全国建筑市场各方主体不良行为记录认定标准》，下列属于施工单位承揽业务不良行为的是（　　）。
   A. 串通投标
   B. 偷工减料
   C. 恶意拖欠劳动者工资
   D. 出借、转让资质证书

6. 【多选】下列属于工程质量不良行为的有（　　）。
   A. 未按照节能设计进行施工
   B. 未对建筑材料、建筑构配件、设备和商品混凝土进行检测
   C. 不按照工程设计图纸或施工技术标准施工
   D. 未在施工现场的危险部位设置明显的安全警示标志
   E. 将承揽的工程转包或者违法分包

7. 【单选】根据《全国建筑市场各方主体不良行为记录认定标准》，下列属于施工单位工程质量不良行为的认定标准的是（　　）。
   A. 以向评标委员会成员行贿的手段谋取中标的
   B. 工程竣工验收后，不向建设单位出具质量保修书的
   C. 以他人名义投标或以其他方式弄虚作假，骗取中标的
   D. 将承包的工程转包或违法分包的

8. 【多选】根据《全国建筑市场各方主体不良行为记录认定标准》，下列属于工程质量不良行为的有（　　）。
   A. 允许其他单位或个人以本单位名义承揽工程
   B. 不按照与招标人订立的合同履行义务，情节严重的
   C. 取得安全生产许可证发生重大安全事故的

D. 不履行保修义务或者拖延履行保修义务的
E. 工程竣工验收后，不向建设单位出具质量保修书的

9.【单选】下列行为中，属于施工企业承揽业务不良行为的是（   ）。
A. 超越本单位资质承揽工程的
B. 允许其他单位或者个人以本单位名义承揽工程的
C. 不按照与招标人订立的合同履行义务，情节严重的
D. 涂改、伪造、出借、转让建筑业企业资质证书的

第五节　营商环境制度

■ 知识脉络

考点 1　营商环境优化【了解】

【单选】根据《工程项目招投标领域营商环境专项整治工作方案》，下列属于重点整治问题的是（   ）。
A. 设置企业资产总额、净资产规模、营业收入、授信额度等财务指标
B. 违法限定潜在投标人或者投标人的所有制形式或者组织形式
C. 将资质资格作为投标条件、加分条件、中标条件
D. 在开标环节要求投标人的法定代表人或者经授权委托的投标人代表到场

考点 2　中小企业款项支付保障【重要】

【单选】关于中小企业款项支付保障的说法，正确的是（   ）。
A. 合同约定采取履行进度结算的，付款期限应当自双方确认结算金额之日起算
B. 付款期限最长不得超过90日
C. 机关、事业单位从中小企业采购货物、工程、服务，应当自货物、工程、服务交付之日起60日内支付款项
D. 机关、事业单位和大型企业拖延检验或者验收的，付款期限自检验或者验收合格之日起算

PART 3 第三章
建设工程许可法律制度

学习计划:

扫码做题
熟能生巧

知之者不如好之者
好之者不如乐之者

第一节 建设工程规划许可

■ 知识脉络

考点 1 规划许可证的申请【重要】

1. 【单选】关于核发建设工程规划许可证的说法，错误的是（　　）。
   A. 对符合控制性详细规划和规划条件的，由城市、县人民政府城乡规划主管部门或者省级人民政府确定的镇人民政府核发建设工程规划许可证
   B. 建设单位或者个人在取得乡村建设规划许可证后，方可办理用地审批手续
   C. 在城市、镇规划区内进行临时建设的，应当经乡、镇人民政府批准
   D. 临时建设应当在批准的使用期限内自行拆除

2. 【单选】关于临时建设批准的说法，正确的是（　　）。
   A. 临时建设影响控制性详细规划实施的，应当经城市、县人民政府城乡规划主管部门批准
   B. 临时建设不影响近期建设规划的，不需要由主管部门批准
   C. 临时建设影响交通、市容、安全等的，不得批准
   D. 临时建设应当在使用年限期满后及时拆除

3. 【多选】需要建设单位编制修建性详细规划的建设项目申请办理建设工程规划许可证，应当提交的材料有（　　）。
   A. 使用土地的有关证明文件
   B. 建设工程设计方案
   C. 修建性详细规划
   D. 控制性详细规划
   E. 建设工程施工图设计文件

考点 2 规划条件的变更【了解】

1. 【多选】关于规划条件的变更，下列说法正确的是（　　）。
   A. 施工单位应当按照规划条件进行建设
   B. 规划条件确需变更的，必须向城市、县人民政府城乡规划主管部门提出申请
   C. 变更内容不符合控制性详细规划的，城乡规划主管部门不得批准
   D. 城市、县人民政府城乡规划主管部门应当及时将依法变更后的规划条件通报上级土地主管部门并公示
   E. 建设单位应当及时将依法变更后的规划条件报有关人民政府土地主管部门备案

2. 【单选】城市规划区内，核发建设工程规划许可证应符合（　　）。
   A. 修建性详细规划和规划条件
   B. 控制性详细规划和规划条件
   C. 总体规划和规划条件
   D. 城市规划、镇规划和规划条件

第二节 建设工程施工许可

■ 知识脉络

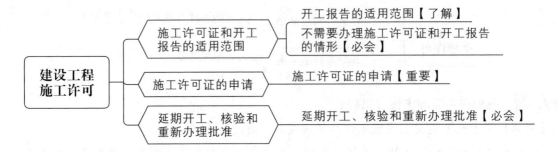

考点 1 开工报告的适用范围【了解】

【多选】根据相关规定,开工报告的适用范围包括(　　)。
A. 国家审批的大中型项目
B. 大中型和限额以上项目
C. 政府采购工程项目
D. 地方审批的大中型项目、大型技改项目
E. 政府投资项目

考点 2 不需要办理施工许可证和开工报告的情形【必会】

1.【多选】以下建设工程中,不需要办理施工许可证的有(　　)。
A. 投资额30万元以上的建筑装修工程
B. 建筑面积300m² 以上的民用建筑工程
C. 作为文物保护的纪念建筑物和古建筑等的修缮
D. 农民自建低层住宅工程
E. 抢险救灾工程

2.【单选】下列建设工程中,需要办理施工许可证的是(　　)。
A. 工程投资额为50万元的建筑工程
B. 抢险救灾工程
C. 农民自建低层住宅
D. 作为文物保护的纪念建筑物和古建筑等的修缮

考点 3 施工许可证的申请【重要】

1.【单选】建设工程施工许可证的申请主体是该工程的(　　)。
A. 施工单位
B. 建设单位
C. 监理单位
D. 咨询服务单位

2. 【单选】申请领取施工许可证应具备的法定条件不包括（　　）。
   A. 需要拆迁的，已取得房屋拆迁许可证
   B. 有保证工程质量和安全的具体措施
   C. 已经办理该建筑工程用地批准手续
   D. 已经确定建筑施工企业

考点 4　延期开工、核验和重新办理批准【必会】

1. 【单选】建设单位于 2022 年 2 月 15 日申请领取了施工许可证，但因项目拆迁受阻，工程于 2023 年 2 月 22 日才决定开工，则建设单位（　　）。
   A. 向发证机关报告后即可开工
   B. 应向发证机关申请施工许可证延期
   C. 应向发证机关重新申请领取施工许可证
   D. 应当报发证机关重新核验施工许可证

2. 【单选】建设单位领取施工许可证后因故不能正常开工可申请延期，延期以两次为限，每次不超过（　　）个月。
   A. 3　　　　　　　　　　　　　　B. 4
   C. 5　　　　　　　　　　　　　　D. 6

3. 【单选】某建筑工程因故中止施工已满 1 年，在恢复施工前，建设单位领取的施工许可证应当（　　）。
   A. 申请延期
   B. 自行废止
   C. 报发证机关核验
   D. 重新更换

4. 【单选】《建筑法》规定，在建的建筑工程因故中止施工的，建设单位应当自中止施工之日起（　　）个月内，向发证机关报告。
   A. 1　　　　　　　　　　　　　　B. 2
   C. 3　　　　　　　　　　　　　　D. 6

5. 【单选】下列选项中，违反施工许可证制度的是（　　）。
   A. 农民张某自建一栋 500m² 的 3 层住宅，未办理施工许可证即施工
   B. 某工程因地震中止施工，半年后向发证机关报告
   C. 某工程因供水中止施工，1 个月内向发证机关报告，半年后恢复施工时又向发证机关进行报告
   D. 某工程因宏观调控停建，1 个月内向发证机关报告，1 年后恢复施工时报发证机关核验施工许可证

6. 【单选】某建设单位拟新建一座大型综合市场，于 2022 年 3 月 20 日领到工程施工许可证。开工后因故于 2023 年 10 月 15 日中止施工。根据《建筑法》，该建设单位向施工许可证发证机关报告的最迟期限应是 2023 年（　　）。
   A. 10 月 15 日　　　　　　　　　　B. 10 月 22 日
   C. 11 月 14 日　　　　　　　　　　D. 12 月 14 日

7. 【单选】某大中型建设项目实行开工报告制度，在办理开工报告后，因故无法按期开工，超过（　　）个月，建设单位应当重新办理开工报告的批准手续。
   A. 2　　　　　　　　　　　　　　　B. 12
   C. 3　　　　　　　　　　　　　　　D. 6

8. 【单选】关于延期开工、核验和重新办理批准的规定，下列说法错误的是（　　）。
   A. 既不开工又不申请延期或者超过延期时限的，施工许可证自行废止
   B. 中止施工满1年的工程可自行恢复施工
   C. 因故不能按期开工超过6个月的，应当重新办理开工报告的批准手续
   D. 按照国务院有关规定批准开工报告的建筑工程，一般都属于大中型建设项目

PART 4 第四章
建设工程发承包法律制度

学习计划：

扫码做题
熟能生巧

正是男儿读书时
三更灯火五更鸡

第一节　建设工程发承包的一般规定

■ 知识脉络

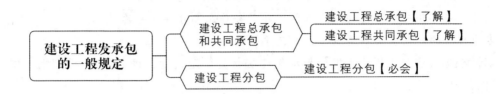

考点 1　建设工程总承包【了解】

1. 【多选】关于工程总承包，下列说法正确的有（　　）。
   A. 有施工总承包资质的企业可以进行工程总承包
   B. 有设计总承包资质的企业可以进行工程总承包
   C. 有勘察总承包资质的企业可以进行工程总承包
   D. 同时具有与工程规模相适应的工程设计资质和施工资质可以进行工程总承包
   E. 由具有相应资质的设计单位和施工单位组成的联合体可以进行工程总承包

2. 【多选】关于工程总承包的说法，正确的有（　　）。
   A. 建设单位应当采用招标方式选择工程总承包单位
   B. 工程总承包单位应当具有与工程规模相适应的工程设计资质或施工资质
   C. 具有相应资质的设计单位和施工单位组成联合体，可以承接工程总承包
   D. 联合体各方应当共同与建设单位签订工程总承包合同，就工程总承包项目承担连带责任
   E. 工程总承包单位不得是该工程总承包项目的监理单位、造价咨询单位、招标代理单位

3. 【单选】关于工程总承包的说法，正确的是（　　）。
   A. 政府投资项目的项目建议书、可行性研究报告、初步设计文件编制单位不得成为该项目的工程总承包单位
   B. 具有一级及以上施工总承包资质的单位可以直接申请相应类别的工程设计甲级资质
   C. 设计单位应当申请取得施工资质
   D. 工程总承包项目经理必须取得相应工程建设类注册执业资格

考点 2　建设工程共同承包【了解】

【单选】两个以上不同资质等级的单位联合承包工程，其承揽工程的业务范围取决于联合体中（　　）的业务许可范围。
   A. 资质等级高的单位
   B. 资质等级低的单位
   C. 实际达到的资质等级
   D. 核定的资质等级

考点 3　建设工程分包【必会】

1.【多选】根据《建筑工程施工发包与承包违法行为认定查处管理办法》的规定，下列情形中，不属于违法分包的有（　　）。
   A. 承包单位将其承包的工程分包给个人的
   B. 专业作业承包人将其承包的劳务再分包的
   C. 没有资质的单位或个人借用其他施工单位的资质承揽工程的
   D. 专业分包单位将其承包的专业工程中非劳务作业部分再分包的
   E. 专业作业的发包单位不是该工程承包单位的

2.【单选】根据《建筑工程施工发包与承包违法行为认定查处管理办法》，下列情形中，属于转包的是（　　）。
   A. 有资质的施工企业相互借用资质承揽工程的
   B. 母公司承接建筑工程后将所承接工程交由其子公司施工的
   C. 施工总承包单位将合同范围内的建设工程主体结构施工分包给其他单位的
   D. 没有资质的单位借用其他施工企业的资质承揽工程的

第二节　建设工程招标投标制度

■ 知识脉络

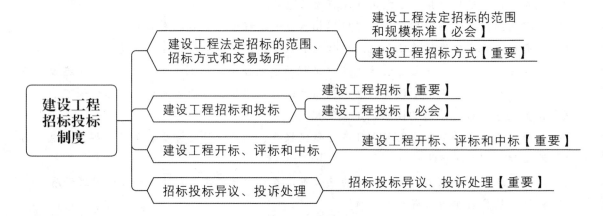

考点 1　建设工程法定招标的范围和规模标准【必会】

1.【单选】下列工程项目中，除（　　）以外均属于依法必须招标范围的项目。
   A. 成片开发的商品住房建设项目
   B. 民间投资建设的非公用事业、非基础设施项目
   C. 利用国际援助建设的生态环保项目
   D. 全部使用国有企业自有资金建设的工业厂房

2.【单选】根据《工程建设项目招标范围和规模标准规定》，必须招标范围内的各类工程建设项目，必须招标的是（　　）。
   A. 施工单项合同估算价 180 万元

B. 主要设备采购单项合同估算价 220 万元
C. 设计服务单项合同估算价 40 万元
D. 监理服务单项合同估算价 30 万元

3.【多选】下列项目中,可以不进行招标的有（　　）。
A. 抢险救灾的项目
B. 涉及国家安全、国家秘密的项目
C. 利用扶贫资金实行以工代赈的项目
D. 采用专有技术的项目
E. 涉及公共利益的项目

4.【多选】下列可以不进行招标的项目有（　　）。
A. 需要向原中标人采购工程、货物或者服务,否则将影响施工或者功能配套要求
B. 涉及国家安全、国家秘密的不适宜招标的项目
C. 采购人依法能够自行建设、生产或者提供
D. 采用不可替代的专有技术
E. 使用国有资金的项目

考点 2　建设工程招标方式【重要】

1.【多选】下列属于经批准可以采用邀请招标方式的项目有（　　）。
A. 有特殊要求的
B. 涉及国家安全、国家秘密的项目而不适宜招标的
C. 施工主要技术需要使用某项特定专利的
D. 受自然环境限制,仅有几家投标人满足条件的
E. 采用公开招标方式的费用占项目合同金额的比例过大

2.【多选】依法必须进行施工招标的工程建设项目,可以采用邀请招标的情形有（　　）。
A. 项目受自然、地域环境限制
B. 有特殊要求的项目,只有少数潜在投标人可供选择
C. 采用公开招标方式的费用占项目合同金额的比例过大
D. 施工主要技术采用不可替代的专利或专有技术
E. 技术复杂的项目

考点 3　建设工程招标【重要】

1.【多选】下列可以采用两阶段招标的有（　　）。
A. 技术复杂的项目
B. 无法精确拟定技术规格的项目
C. 初步设计尚未最后确定的项目
D. 处于概念设计阶段的项目
E. 招标文件没有最终确定的项目

2.【单选】关于建设工程两阶段招标的说法,正确的是（　　）。
A. 招标人应在第一阶段按照招标公告或投标邀请函的要求提交不带报价的技术建议,但是建设单位不能根据其内容编制招标文件
B. 投标人应在第一阶段提交带投标报价的投标文件
C. 投标人可以自行决定在任意阶段,要求投标人提交包括投标报价的投标文件
D. 投标人应在第二阶段提供具有投标报价的投标文件

3. 【单选】投标有效期的起始时间是（　　）之日。
   A. 发售投标文件
   B. 提交投标文件截止
   C. 评标结束
   D. 发出中标通知书
4. 【多选】招标人发售资格预审文件、招标文件收取的费用包括（　　）。
   A. 补偿印刷的成本支出
   B. 补偿人工成本支出
   C. 补偿邮寄的成本支出
   D. 必要的管理费
   E. 项目宣传成本支出
5. 【单选】某工程进行公开招标，在投标截止时，招标人发现投标人少于3个，此情况下（　　）。
   A. 应正常开标
   B. 应重新招标
   C. 可以进行议标
   D. 可改为邀请招标

考点 4　建设工程投标【必会】

1. 【多选】下列属于招标人以不合理条件限制、排斥潜在投标人的行为的有（　　）。
   A. 就同一招标项目向潜在投标人提供有差别的信息
   B. 以非特定行业的业绩、奖项作为加分条件
   C. 组织部分潜在投标人踏勘项目现场
   D. 对潜在投标人采取不同的资格审查或评标标准
   E. 限定或指定特定的专利或者品牌
2. 【单选】下列关于投标人法定要求的说法中，错误的是（　　）。
   A. 投标人应当具备承担招标项目的能力
   B. 任何单位或个人不得非法干涉投标人投标
   C. 存在控股、管理关系的不同单位，可参加同一标段的投标
   D. 投标人发生合并、分立等重大变化可能影响招标公正性的，其投标无效
3. 【单选】由同一专业的单位组成的联合体，其资质等级的确定取决于（　　）。
   A. 联合体成员中较高的资质等级
   B. 联合体各方平均资质等级
   C. 联合体成员中较低的资质等级
   D. 联合体各方商定的资质等级
4. 【单选】关于联合体投标的说法，正确的是（　　）。
   A. 联合体是一个具备法人资格的组织
   B. 经招标人同意，资格预审后联合体可以更换成员
   C. 联合体成员在同一招标项目中可以自己名义单独投标
   D. 联合体中标的，联合体各方应当共同与招标人签订中标合同
5. 【单选】甲公司与乙公司组成联合体投标，下列说法正确的是（　　）。
   A. 共同投标协议在中标后提交
   B. 甲公司与乙公司必须是同一专业
   C. 甲公司与乙公司必须是同一资质等级
   D. 联合体可以一个投标人的身份投标

6.【单选】某建筑公司对已经提交的投标文件进行修改,可以在（ ）修改投标文件,并书面通知招标人。
   A. 投标有效期内　　　　　　　　　B. 评标之前
   C. 投标文件截止时间后　　　　　　D. 提交投标文件截止时间前

7.【多选】下列关于投标保证金的说法,正确的有（ ）。
   A. 招标人不得挪用投标保证金
   B. 投标保证金是投标文件的有效组成部分
   C. 投标人应当按照招标文件的要求提交投标保证金
   D. 施工、货物招标的,投标保证金最高不得超过 80 万元人民币
   E. 投标保证金不得超过招标项目估算价的 5%

8.【单选】招标人在招标文件中要求投标人提交投标保证金的,投标保证金不得超过招标项目估算价的（ ）。
   A. 5%　　　　　　　　　　　　　　B. 1%
   C. 2%　　　　　　　　　　　　　　D. 3%

9.【多选】下列行为中,属于投标人相互串通投标的有（ ）。
   A. 投标人之间先行内部竞价确定中标人
   B. 投标人之间互相约定抬高或者压低投标报价
   C. 招标人向投标人泄露标底
   D. 投标人借用其他企业名义投标
   E. 招标人预先内定中标人

10.【多选】下列情形中,视为投标人相互串通投标的有（ ）。
    A. 不同投标人的投标文件相互混装
    B. 属于同一集团、协会、商会等组织成员的投标人按照该组织要求协同投标
    C. 招标人授意投标人撤换、修改投标文件
    D. 不同投标人委托同一单位办理投标
    E. 单位负责人为同一人或者存在控股、管理关系的不同单位参加同一招标项目不同标段的投标

11.【多选】下列属于投标人与招标人串通投标行为的有（ ）。
    A. 招标人在开标前开启投标文件并将投标情况告知其他投标人
    B. 投标人之间相互约定,在招标项目中分别以高、中、低价位报价
    C. 投标人在投标时递交虚假业绩证明
    D. 投标人与招标人商定,在投标时压低标价,中标后再给投标人额外补偿
    E. 招标人与投标人为谋求特定投标人中标而采取串通行为

12.【单选】下列行为中,属于投标人与招标人串通投标的是（ ）。
    A. 投标人为了争取中标而降低报价
    B. 投标人之间通过竞价内定中标人,再参加投标
    C. 投标人之间约定部分投标人放弃投标或者中标
    D. 开标前,招标人将其他投标人投标信息告知某投标人

13. 【单选】投标人的下列行为中，除（　　）以外，均属于违法行为。
    A. 使用伪造、变造的许可证件
    B. 提供虚假的财务状况或者业绩
    C. 与资质等级比自己高的企业联合投标
    D. 提供虚假的信用状况

考点 5　建设工程开标、评标和中标【重要】

1. 【单选】开标工作应由（　　）主持。
    A. 招标人
    B. 招标代理机构
    C. 行政监督部门
    D. 建设主管部门

2. 【单选】下列情形中，投标文件不按否决投标处理的是（　　）。
    A. 投标人不符合国家或者招标文件规定的资格条件
    B. 投标报价低于成本
    C. 投标报价高于招标文件设定的最高投标限价
    D. 投标文件未按招标文件要求密封

3. 【单选】评标委员会组建过程中，下列做法符合规定的是（　　）。
    A. 评标委员会成员的名单仅在评标结束前保密
    B. 评标委员会7个成员中，招标人的代表有3名
    C. 评标由招标人依法组建的评标委员会负责
    D. 评标委员会成员由3人组成

4. 【多选】下列投标文件应当按否决投标处理的有（　　）。
    A. 联合体投标未附联合体各方共同投标协议的
    B. 投标文件没有对招标文件的实质性要求和条件作出响应
    C. 投标文件未通过资格预审
    D. 投标文件未经投标单位盖章和单位负责人签字
    E. 投标人有串通投标、弄虚作假、行贿等违法行为

5. 【单选】某招标项目，投标有效期为2023年5月15日，招标人在确定中标人以后，于2023年5月3日只向中标人寄出中标通知书。但是招标人后来想更换中标人，于2023年5月10日又寄出招标人改变中标结果的通知。下列说法正确的是（　　）。
    A. 招标人有权改变中标结果，并不需要为此承担任何法律责任
    B. 中标通知书只需要寄给中标人
    C. 招标人应当为擅自改变中标结果依法承担法律责任
    D. 招标人由于在投标有效期前发出通知，因此不需要承担任何责任

6. 【单选】投标人中标某建设工程项目，合同金额为8650万元，则履约保证金按规定可以是（　　）万元。
    A. 860
    B. 870
    C. 875
    D. 1730

考点 6　招标投标异议、投诉处理【重要】

1. 【单选】投标人或者其他利害关系人对评标结果有异议的，应当在（　　）提出。
   A. 中标候选人公示期间
   B. 中标结果公布后3日内
   C. 中标通知书下达前
   D. 正式合同签订前

2. 【单选】《招标投标法实施条例》规定，投标人对资格预审文件、招标文件、开标以及对依法必须进行招标项目的评标结果有异议的，应当依法先向（　　）提出异议。
   A. 评标委员会
   B. 招标人
   C. 有关行政监督部门
   D. 招标代理机构

3. 【多选】关于招标投标投诉，下列说法正确的有（　　）。
   A. 投诉的主体只能是投标人
   B. 异议是投诉的必经程序
   C. 行政监督部门应当自收到投诉之日起3日内决定是否受理投诉
   D. 行政监督部门应当自受理投诉之日起30个工作日内作出书面处理决定
   E. 行政监督部门应当自收到投诉之日起3个工作日内决定是否受理投诉

第三节　非招标采购制度

■ 知识脉络

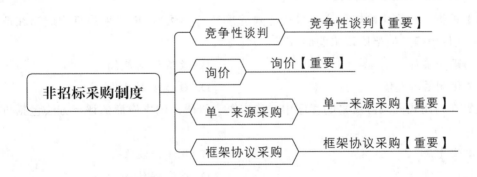

考点 1　竞争性谈判【重要】

1. 【多选】下列情形中，采购方式可采用竞争性谈判的有（　　）。
   A. 采用公开招标方式的费用占政府采购项目总价值的比例过大的
   B. 只能从唯一供应商处采购的
   C. 技术复杂或性质特殊，不能确定详细规格或具体要求的
   D. 属于地方预算的政府采购项目
   E. 采用招标所需时间不能满足用户紧急需要的

2. 【单选】根据《政府采购非招标采购方式管理办法》，竞争性谈判采购中，采购人在质量和服务均能满足采购文件实质性响应要求的前提下，确定成交供应商的原则是（　　）。
   A. 综合评分最高
   B. 综合实力最强
   C. 标的物质量最好
   D. 最后报价最低

考点 2　询价【重要】

【多选】根据《政府采购法》，下列情形中符合询价采购条件的有（　　）。
   A. 货物技术复杂或性质特殊
   B. 货物规格、标准统一
   C. 现货货源充足
   D. 货物涉及技术秘密或独家专利
   E. 价格变化幅度小

考点 3　单一来源采购【重要】

1. 【单选】根据《政府采购法》，为保证与原有采购项目的一致性和配套要求，采用单一来源采购方式从原供应商添购的，添购合同总额不能超过原合同采购金额的（　　）。
   A. 3%
   B. 5%
   C. 10%
   D. 15%

2. 【多选】根据《政府采购法》，下列情形中可以采用单一来源采购方式的有（　　）。
   A. 只能从唯一供应商处采购的
   B. 采购资金总额巨大
   C. 发生了不可预见的紧急情况不能从其他供应商处采购的
   D. 必须保证原有采购项目服务配套的要求，需要继续从原供应商处添购，且添购资金总额不超过原合同采购金额10%的
   E. 市场价格变化幅度较小的

考点 4　框架协议采购【重要】

1. 【单选】根据《政府采购框架协议采购方式管理暂行办法》，集中采购机构应当在征集公告和征集文件中确定框架协议采购的（　　）。
   A. 最高限制单价
   B. 最低限制单价
   C. 最高限制总价
   D. 最低限制总价

2. 【单选】在封闭式框架协议采购程序中，确定第一阶段入围供应商的评审方法包括价格优先法和（　　）。
   A. 质量优先法
   B. 顺序轮候法
   C. 直接选定法
   D. 综合评估法

PART 5

第五章
建设工程合同法律制度

学习计划：

扫码做题
熟能生巧

穷且益坚 不坠青云之志

第一节 合同的基本规定

■ 知识脉络

考点 1 合同的订立【重要】

1.【多选】《民法典》规定，合同一般包括的条款有（　　）。
   A. 标的
   B. 违约责任
   C. 担保条款
   D. 价款或者报酬
   E. 解决争议的方法

2.【多选】下列情形中，要约失效的有（　　）。
   A. 要约被拒绝
   B. 要约被依法撤销
   C. 要约内容含糊不清导致无法承诺
   D. 承诺期限届满，受要约人未作出承诺
   E. 受要约人对要约的内容作出实质性变更

3.【多选】根据《民法典》，撤回要约的通知应当（　　）。
   A. 在要约到达受要约人之后到达受要约人
   B. 在受要约人发出承诺之前到达受要约人
   C. 在受要约人发出承诺同时到达受要约人
   D. 在要约到达受要约人之前到达受要约人
   E. 与要约同时到达受要约人

考点 2 合同的效力【必会】

1.【多选】下列关于合同效力的说法，正确的有（　　）。
   A. 限制民事行为能力人实施的民事行为有效
   B. 违反法律、法规订立的合同无效
   C. 违背公序良俗订立的合同无效
   D. 自然人的行为能力分为完全行为能力、限制行为能力、无行为能力
   E. 有效的民事行为，行为人必须具有相应的民事行为能力

2. 【单选】下列情形中，属于效力待定合同的是（　　）。
   A. 出租车司机借抢救重病人急需租车之机将车价提高 10 倍
   B. 10 周岁的儿童因发明创造而接受奖金
   C. 成年人甲误将本为复制品的油画当成真品购买
   D. 10 周岁的少年将自家的电脑卖给 40 岁的张某

3. 【多选】关于可撤销合同撤销权的说法，正确的有（　　）。
   A. 因欺诈致使对方意思不真实，构成撤销事由
   B. 当事人自民事法律行为发生之日起 5 年内没有行使撤销权的，撤销权消灭
   C. 当事人受胁迫，自知道或应当知道撤销事由之日起 1 年内行使撤销权
   D. 当事人不得自行放弃撤销权
   E. 重大误解的当事人自知道或者应当知道撤销事由之日起 90 日内行使撤销权

4. 【单选】当事人可以请求人民法院或仲裁机构变更或撤销合同的情形是（　　）。
   A. 代理人超越代理权订立的合同
   B. 因重大误解而订立的合同
   C. 造成对方人身伤害、财产损失可以免责的合同
   D. 以合法形式掩盖非法目的的合同

考点 3　合同的履行【了解】

1. 【多选】合同内容约定不明确，不能达成补充协议，并且按照交易习惯也不能解决时，根据我国《民法典》的规定，正确的说法有（　　）。
   A. 履行地点不明确，给付货币的，在给付货币一方所在地履行
   B. 履行费用负担不明确的，由债权人承担
   C. 质量要求不明确的，可按照国家标准、行业标准履行
   D. 履行期限不明确的，债务人可以随时履行，但应当给对方必要的准备时间
   E. 价款不明确的，可按照合同签订时履行地的市场价格履行

2. 【多选】甲施工企业与乙起重机厂签订了一份购置起重机的买卖合同，约定 4 月 1 日甲付给乙 100 万元预付款，5 月 12 日乙向甲交付两辆起重机，但到了 4 月 1 日，甲经调查发现乙已全面停产，经营状况严重恶化。此时甲可以（　　），以维护自己的合法权益。
   A. 行使同时履行抗辩权　　　　　　B. 终止合同
   C. 中止履行合同并通知对方　　　　D. 请求对方提供适当担保
   E. 转让合同

考点 4　违约责任【重要】

1. 【单选】某钢筋买卖合同金额为 40 万元，双方当事人在合同中约定，一方违约时支付对方 10% 的违约金，合同订立后买方向卖方支付了 10 万元的定金，后在合同履行中，卖方违约，并因该违约行为给买方造成了 12 万元的损失。买方最多可以从卖方处索回（　　）万元。
   A. 20　　　　　　　　　　　　　　B. 14
   C. 18　　　　　　　　　　　　　　D. 22

2. 【单选】某工程施工中,某水泥厂为施工企业供应水泥,迟延交货一周,延迟交货导致施工企业每天损失 0.4 万元。第一天晚上施工企业为减少损失,采取紧急措施共花费 1 万元,使剩余 6 天共损失 0.7 万元,则水泥厂因违约应向施工企业赔偿的损失为（　　）万元。
   A. 1.1　　　　　　　　　　　　B. 1.7
   C. 2.1　　　　　　　　　　　　D. 2.8

3. 【单选】乙方当事人的违约行为导致工程受到损失,甲方没有采取任何措施减损,导致损失扩大到 5 万元。甲方与乙方就此违约事实发生纠纷,经鉴定机构鉴定,乙方的违约行为给甲方造成的损失是 2 万元,乙方应该向甲方赔偿损失（　　）万元。
   A. 1　　　　　　　　　　　　　B. 2
   C. 3　　　　　　　　　　　　　D. 5

4. 【多选】关于违约责任的特征,下列说法正确的有（　　）。
   A. 违约责任的产生以合同当事人不履行或者不适当履行合同义务为前提
   B. 违约责任具有连带性
   C. 违约责任主要具有补偿性
   D. 违约责任可以由合同当事人约定,但约定不符合法律要求的,将会被宣告无效或被撤销
   E. 违约责任是民事责任的一种形式

5. 【单选】下列关于定金合同的说法,正确的是（　　）。
   A. 收受定金的一方不履行约定的债务的,应当返还定金
   B. 违约方可以选择适用违约金或者定金条款
   C. 定金的数额由当事人约定,但不得超过主合同标的额的 25%
   D. 定金合同从实际交付定金之日起生效

6. 【单选】甲与乙订立一份钢材买卖合同,合同价款为 40 万元,双方在合同条款中约定违约金为 6 万元,同时乙向甲支付定金 4 万元,后甲因货物不足无法向乙交货,那么乙能够最大程度保护自己利益,同时又能获得法院支持的是（　　）。
   A. 请求甲双倍返还定金 8 万元
   B. 请求甲双倍返还定金 8 万元,同时请求甲支付违约金 6 万元
   C. 请求甲支付违约金 6 万元,同时请求返还支付的定金 4 万元
   D. 请求甲支付违约金 4 万元

7. 【单选】甲公司与乙公司订立了一份建材买卖合同,乙按约定向甲支付了定金 4 万元,合同约定如任何一方不履行合同应向对方支付违约金 6 万元。交货日期届满,甲无法交付该建材,则乙最多可获得（　　）万元赔偿。
   A. 8　　　　　　　　　　　　　B. 10
   C. 14　　　　　　　　　　　　　D. 16

8. 【单选】某项目设计费为 100 万元,合同约定违约金为设计费的 15%,发包方支付了 15 万元定金后,设计方未开展设计工作,导致发包方损失 12 万元,发包方最多可获得的赔偿是（　　）万元。
   A. 24　　　　　　　　　　　　　B. 27
   C. 30　　　　　　　　　　　　　D. 42

9. 【单选】百货公司向彩电厂订购彩电 100 台，每台价格为 3000 元，总货款为 300000 元，约定 12 月 10 日前交货，若逾期交货，彩电厂应支付违约金 30000 元，后彩电厂未能如期交货。关于违约责任的说法，正确的是（　　）。

   A. 彩电厂支付违约金后，不必再承担其他民事责任

   B. 彩电厂支付违约金后，仍应当继续履行合同

   C. 彩电厂继续履行合同后，可不支付违约金

   D. 彩电厂如无过错，可不支付违约金

10. 【单选】定金合同是当事人双方为了保证债务的履行，按照合同规定向对方预先给付一定数额的货币，定金的数额由当事人约定，但不得超过主合同标的额的（　　）。

    A. 10%　　　　　　　　　　　　　　　B. 20%

    C. 25%　　　　　　　　　　　　　　　D. 30%

11. 【单选】甲建设单位与乙设计单位签订了设计合同，合同约定设计费为 200 万元，定金为设计费的 15%，甲支付定金后，如果乙在规定期限内未履行合同，甲可以要求乙返还（　　）万元。

    A. 80　　　　　　　　　　　　　　　　B. 60

    C. 40　　　　　　　　　　　　　　　　D. 30

12. 【单选】甲、乙双方签订的买卖合同总价款为 100 万元，约定由甲公司支付定金 30 万元。由于资金周转困难，甲公司只交付了 25 万元的定金，乙公司予以签收。后来由于乙公司未能履行合同，则甲公司最多可以要求乙公司返还（　　）万元。

    A. 45　　　　　　　　　　　　　　　　B. 50

    C. 55　　　　　　　　　　　　　　　　D. 60

13. 【单选】某设备采购合同约定，任何一方不履行合同应当支付违约金 5 万元，采购方按照约定向供应商交付定金 8 万元。合同履行期限届满，供应商未能交付设备，则采购方能获得人民法院支持的最高赔偿是（　　）万元。

    A. 16　　　　　　　　　　　　　　　　B. 5

    C. 8　　　　　　　　　　　　　　　　　D. 13

14. 【多选】下列情形中，可以免除违约责任的有（　　）。

    A. 建设资金未能按计划到位的施工暂停

    B. 发包人改变项目建设方案的工程停建

    C. 传染病流行导致施工暂停

    D. 征地拆迁工作不顺利导致施工现场移交延误

    E. 当地发生洪水导致工程施工暂停

15. 【单选】甲施工企业与乙供应商于 2023 年 4 月 1 日签订了水泥供应合同，约定 2023 年 5 月 1 日前交货。乙供应商随即与丙水泥厂签订了一份水泥买卖合同，要求丙水泥厂于 2023 年 4 月 20 日前交货。后来由于原材料供应紧张，丙水泥厂于 2023 年 5 月 8 日才将水泥交付给乙供应商。乙供应商收到货物后立即办理托运手续发货。2023 年 5 月 11 日，货物在运输途中因不可抗力灭失。关于本案的违约责任，下列说法正确的是（　　）。

    A. 由于发生不可抗力，乙供应商对甲施工企业不承担违约责任

B. 甲施工企业只能要求乙供应商承担违约责任

C. 甲施工企业可以要求乙供应商和丙水泥厂连带承担违约责任

D. 违约是丙水泥厂延迟交货造成的,乙供应商对甲施工企业不承担违约责任

第二节 建设工程施工合同的规定

■ 知识脉络

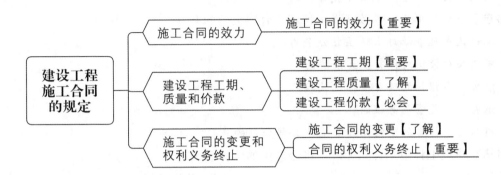

考点 1 施工合同的效力【重要】

1.【单选】建设工程合同的法定形式为( )。

A. 书面合同　　　　　　　　　　　B. 口头合同

C. 默示合同　　　　　　　　　　　D. 合同示范文本

2.【多选】下列情形中,导致施工合同无效的有( )。

A. 承包人未取得建筑施工企业资质的

B. 某施工企业由于重大误解订立的施工合同

C. 某分包单位将工程再分包的

D. 没有资质的实际施工人借用有资质的建筑施工企业名义的

E. 招标文件中明确要求投标人垫资并据此与中标人签订的合同

3.【单选】关于无效施工合同工程款结算的说法,正确的是( )。

A. 施工合同无效,且建设工程经竣工验收不合格,修复后的建筑工程经验收不合格,承包人无权请求支付工程价款

B. 施工合同无效,但建设工程经竣工验收合格,承包人请求按约定折价补偿,不予支持

C. 施工合同无效,且建设工程经竣工验收不合格,承包人请求支付工程价款的,应予支持

D. 施工合同无效,且建设工程经竣工验收不合格,修复后的建设工程经验收合格,发包人请求承包人承担修复费用的,不予支持

4.【单选】包工头张某借用某施工企业的资质与甲公司签订了一份建设工程施工合同。施工结束后,工程竣工验收质量合格,张某请求按照合同约定折价补偿遭到对方拒绝,遂诉至法院。关于该案处理的说法,正确的是( )。

A. 合同无效,不应支付工程款

B. 合同无效,应参照合同约定折价补偿

C. 合同有效，应按照合同约定折价补偿

D. 合同有效，应参照合同约定折价补偿

5.【单选】某建设工程施工合同被认定为无效，下列有关承包人请求支付工程价款的说法，正确的是（   ）。

A. 建设工程经竣工验收合格，可以参照合同关于工程价款的约定折价补偿承包人

B. 建设工程经竣工验收不合格的，不予支持

C. 发包人以合同无效为由不支付工程款的，应予支持

D. 发包人请求承包人承担修复费用的，不予支持

6.【多选】下列情形中，导致建设工程施工合同无效的有（   ）。

A. 工程款支付条款订立时显失公平的

B. 发包人对投标文件有重大误解的

C. 依法应当招标的项目中标无效后的

D. 承包人超越资质等级的

E. 施工企业将其承包的部分非主体工程分包的

7.【多选】建设工程施工合同无效，将会产生的法律后果有（   ）。

A. 折价补偿   B. 赔偿损失

C. 合同解除   D. 继续履行

E. 支付违约金

考点 2　建设工程工期【重要】

1.【单选】关于建设工程工期的说法，错误的是（   ）。

A. 因承包人原因导致开工时间推迟的，以开工通知载明的时间为开工日期

B. 开工日期包括计划开工日期和实际开工日期

C. 开工通知发出后，尚不具备开工条件的，以实际进场施工时间为开工日期

D. 监理人应在计划开工日期7天前向承包人发出开工通知，工期自开工通知中载明的开工日期起算

2.【单选】下列关于工程竣工日期的说法，错误的是（   ）。

A. 建设工程竣工前，当事人对工程质量发生争议，工程质量经鉴定合格的，鉴定日期为竣工日期

B. 承包人已经提交竣工验收报告，发包人拖延验收的，以承包人提交验收报告之日为竣工日期

C. 建设工程经竣工验收合格的，以竣工验收合格之日为竣工日期

D. 建设工程未经竣工验收，发包人擅自使用的，以转移占有建设工程之日为竣工日期

考点 3　建设工程质量【了解】

【多选】根据最高人民法院司法解释，发包人对建设工程的质量缺陷应当承担过错责任的有（   ）。

A. 提供的设计有缺陷

B. 直接指定分包人分包专业工程

C. 提供的场地滞后

D. 建设项目必须进行招标而未招标

E. 指定购买的建筑材料不符合强制性标准

考点 4 建设工程价款【必会】

1. 【单选】关于欠付工程款的利息的支付，说法正确的是（　　）。
   A. 当事人对付款时间没有约定或者约定不明的，建设工程没有交付的，利息计付日期为当事人起诉之日
   B. 当事人对欠付工程价款利息没有约定的，按照每日利率万分之五支付利息
   C. 未约定时，无须支付利息
   D. 利息从应付工程价款之日开始计付

2. 【单选】某建设工程承包人在工程完工后于 2 月 1 日提交了竣工验收报告，发包人未组织验收；3 月 1 日工程由发包人接收；4 月 1 日承包人提交了结算文件，发包人迟迟未予结算；6 月 1 日，承包人起诉至人民法院。该工程应付款时间为（　　）。
   A. 2 月 1 日　　　　　　　　　　　　B. 4 月 1 日
   C. 6 月 1 日　　　　　　　　　　　　D. 3 月 1 日

3. 【单选】建设工程施工合同约定承包人垫资至基础工程完工，约定垫资利率为垫资时的同期贷款市场报价利率。基础工程完工后，发包人未能按约定支付垫资款项及其利息，双方发生争议。关于该项目垫资及其利息的说法，正确的是（　　）。
   A. 承包人主张该项目垫资应当按照工程欠款进行处理的，人民法院不予支持
   B. 关于垫资的约定无效
   C. 约定的垫资金额过高，导致建设工程施工合同无效
   D. 承包人向人民法院请求发包人按照约定支付利息的，人民法院不予支持

4. 【多选】关于工程价款优先受偿权的说法，正确的有（　　）。
   A. 建设工程质量合格，承包人享有其承建工程拍卖所得价款的优先受偿权
   B. 建设工程质量不合格，承包人请求其承建工程的价款就工程折价或者拍卖的价款优先受偿的，人民法院应予以支持
   C. 承包人建设工程价款优先受偿的范围不包括逾期支付建设工程价款的利息、违约金、损害赔偿金
   D. 承包人行使建设工程价款优先受偿权的期限为 6 个月，自建设工程竣工验收合格之日起算
   E. 发包人与承包人约定放弃或者限制建设工程价款优先受偿权，但损害实际施工人利益的，该约定无效

5. 【单选】关于解决工程价款结算争议的规定，说法错误的是（　　）。
   A. 当事人对工程量有争议的，按照施工过程中形成的签证等书面文件确认
   B. 实际履行的合同难以确定，当事人请求参照最后签订的合同关于工程价款的约定折价补偿承包人的，人民法院不予支持
   C. 当事人就同一建设工程订立的数份建设工程施工合同均无效，但建设工程质量合格，一方当事人请求参照实际履行的合同关于工程价款的约定折价补偿承包人的，人民法院应予支持

D. 承包人能够证明发包人同意其施工，但未能提供签证文件证明工程量发生的，可以按照当事人提供的其他证据确认实际发生的工程量

6.【单选】关于建设工程价款优先受偿权的说法，正确的是（　　）。

A. 优先受偿权的行使期限为 6 个月，自工程实际完工之日起算

B. 抵押权优先于优先受偿权

C. 优先受偿权的范围包括逾期支付建设工程价款的违约金

D. 建设工程质量合格，承包人请求其承建工程的价款就工程折价或者拍卖的价款优先受偿的，人民法院应予支持

考点 5　施工合同的变更【了解】

【单选】甲公司向乙公司购买 50 吨水泥，后甲通知乙需要更改购买数量，但一直未明确具体数量。交货期届至，乙将 50 吨水泥交付给甲，甲拒绝接受，理由是已告知要变更合同。关于双方合同关系的说法，正确的是（　　）。

A. 乙承担损失

B. 甲可根据实际情况部分接收

C. 双方合同已变更，乙送货构成违约

D. 甲拒绝接收，应承担违约责任

考点 6　合同的权利义务终止【重要】

1.【单选】根据《民法典》，债务人转让合同债务应当（　　）。

A. 通知债权人　　　　　　　　B. 与债权人协商

C. 经过债权人的同意　　　　　D. 重新签订合同

2.【多选】下列各项中，属于合同权利义务终止情形的有（　　）。

A. 债务已按约定履行　　　　　B. 一方违约

C. 合同解除　　　　　　　　　D. 债务免除

E. 合同变更

3.【多选】下列情形中，导致合同权利义务终止的有（　　）。

A. 债权债务同归于一人的

B. 债务已经履行的

C. 债务人依法将标的物提存的

D. 合同注销登记的

E. 合同变更的

4.【单选】根据《民法典》，关于合同法定解除的说法，正确的是（　　）。

A. 发生不可抗力，即可解除合同

B. 在履行期限届满前，当事人一方以自己的行为表明不履行主要债务，即可解除合同

C. 当事人一方迟延履行主要债务，即可解除合同

D. 以持续履行的债务为内容的不定期合同，当事人无权随时解除合同

第三节 相关合同制度

■ 知识脉络

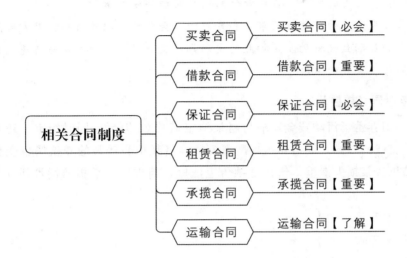

考点 1 买卖合同【必会】

1. 【多选】下列选项中,属于买卖合同法律特征的有(   )。
   A. 买卖合同是一种转移标的物所有权的合同
   B. 买卖合同是有偿合同
   C. 买卖合同是双务合同
   D. 买卖合同是诺成合同
   E. 买卖合同是实践合同

2. 【多选】某大型水电站建设项目,项目业主与某电机生产厂签订了发电机购买合同。合同中约定了发电机的质量、交付时间及款项交付方式等内容。此时,项目业主的主要义务有(   )。
   A. 支付价款的义务
   B. 瑕疵担保义务
   C. 受领发电机的义务
   D. 对发电机进行验收的义务
   E. 对发电机生产过程进行管理的义务

3. 【单选】周某在家具店看中了一套家具,并与家具店签订了合同,合同价款为 8000 元。周某预付货款 4000 元,家具店保证 3 天内将货送到周某家。因为车辆紧张,家具店没有在 3 天内送货,而第 4 天家具店失火,此套家具被焚毁。根据法律规定,对本案正确的处理是(   )。
   A. 由周某承担损失,周某应补交所欠货款 4000 元
   B. 由家具店承担损失,家具店应退还周某预付货款 4000 元

C. 由周某、家具店双方平均分担损失，周某不补交货款，家具店不退还预付货款

D. 主要由家具店承担损失，但周某也应适当承担损失

4.【单选】下列关于标的物毁损、灭失风险承担的说法中，符合买卖合同法律规定的是（　　）。

A. 出卖交由承运人运输的在途标的物，其毁损、灭失的风险由出卖人承担

B. 标的物毁损、灭失的风险，自买卖合同成立时由买受人承担

C. 出卖人未按规定交付标的物的单证和资料的，会影响标的物毁损、灭失风险的转移

D. 因买受人的原因致使标的物未按照约定的期限交付的，买受人应当自违反约定时起承担标的物毁损、灭失的风险

考点 2　借款合同【重要】

1.【单选】钱某因养殖场流动资金短缺与赵某约定借款 30 万元，同时约定了还款期限和借款利率。到了交钱的时候，周边养殖场出现疫情。赵某担心钱某的养殖场也受到传染，便拒绝出借，结果钱某损失惨重，便将赵某告上法庭，请求判其承担赔偿责任。对此，下列说法正确的是（　　）。

A. 该借款约定无效

B. 该借款约定有效

C. 法庭对钱某的请求予以支持

D. 赵某应承担违约责任

2.【单选】自然人之间的借款合同如果没有约定利息，贷款人主张利息的，人民法院（　　）。

A. 不予受理　　　　　　　　　　　B. 可以受理

C. 不予支持　　　　　　　　　　　D. 可以支持

3.【多选】针对某大型水利设施建设项目，业主与某银行签订了借款合同，银行的主要义务有（　　）。

A. 按约定提供借款　　　　　　　　B. 按照实际用途使用借款

C. 按期归还本金和利息　　　　　　D. 协助监督

E. 按照规定不得预扣利息

4.【多选】关于民间借贷利息与利率，下列说法正确的有（　　）。

A. 没有约定利息的不能收取利息

B. 可以采用口头形式

C. 借款合同自双方在合同书签字盖章时成立

D. 利率不得超过合同成立时 1 年期贷款市场报价利率

E. 不得超过合同成立时 1 年期贷款市场报价利率的 4 倍

考点 3　保证合同【必会】

1.【多选】下列条款中，除双方认为需要约定的其他事项外，属于保证合同包含的内容有（　　）。

A. 被保证的主债权种类

B. 保证人的资产状况

C. 保证的期间

D. 保证的方式

E. 保证担保的范围

2. 【多选】根据《民法典》,保证合同担保的范围包括(   )。

   A. 主债权及利息
   B. 违约金
   C. 损害赔偿金
   D. 定金
   E. 实现债权的费用

3. 【单选】甲施工企业与乙钢材生产企业签订一份700万元的钢材购销合同,合同约定甲企业分期付款,最后一笔尾款于8月31日前付清,丙企业在贷款合同的保证人一栏中加盖了企业的印章。甲施工企业逾期没有还清欠款,乙企业于9月20日向法院提起诉讼。下列关于保证责任和保证期间的表述,正确的是(   )。

   A. 丙企业承担一般保证责任,保证期间为自8月31日起6个月
   B. 丙企业承担一般保证责任,保证期间为自9月20日起6个月
   C. 丙企业承担连带保证责任,保证期间为自8月31日起6个月
   D. 丙企业承担连带保证责任,保证期间为自9月20日起6个月

4. 【单选】根据《民法典》,下列主体不得作为保证人的有(   )。

   A. 某市属建筑大学
   B. 某市国有企业
   C. 某有限责任公司
   D. 自然人孙某

考点 4　租赁合同【重要】

1. 【多选】甲商厦业主将部分房屋租赁给乙单位,并签订了房屋租赁合同,该合同的主要内容应包括(   )。

   A. 租赁物的名称
   B. 租赁物的法律特征
   C. 租赁物的数量
   D. 租金及支付期限和方式
   E. 租赁物的用途

2. 【多选】关于租赁合同的说法,正确的有(   )。

   A. 租赁期限低于6个月的,可以采用书面形式,也可以采用口头形式
   B. 租赁期限超过20年的部分无效
   C. 租赁期限6个月以上的,应当采用书面形式
   D. 不定期租赁合同,当事人可以随时解除合同
   E. 当事人未采用书面形式的,视为不定期租赁

考点 5　承揽合同【重要】

1. 【单选】下列行为中,不符合承揽合同特征的是(   )。

   A. 承揽人向定作人交付的标的物是定作物
   B. 承揽合同的标的是完成特定的工作
   C. 承揽合同具有一定的人身性质

D. 承揽人不得将承揽的主要工作交由第三人完成

2. 【单选】甲公司与乙输送设备生产厂签订了一份输送设备定制合同，并向该公司支付了预付款。乙输送设备生产厂按约定完成了定制任务，但甲公司却未向其支付合同额中剩余的款项，也未提出解除该合同。对此，乙输送设备生产厂对这些设备享有（　　）。

A. 处置权
B. 所有权
C. 使用权
D. 留置权

3. 【单选】关于承揽合同中承揽人义务的说法，正确的是（　　）。

A. 承揽人发现定作人提供的材料不符合约定的，可以自行更换
B. 共同承揽人对定作人承担按份责任
C. 未经定作人许可，承揽人不得留存复制品或技术资料
D. 承揽人在工作期间，无须接受定作人必要的监督检验

4. 【多选】建设工程承揽合同中定作人的义务有（　　）。

A. 按约支付报酬及材料费等价款的义务
B. 及时答复承揽人的义务
C. 协助承揽人完成工作的义务
D. 受领并验收工作成果的义务
E. 对工作成果质量负责

5. 【多选】建筑公司委托一加工厂加工构件，后由于意外情况，建筑公司提出解除合同，但加工厂认为自己已经完成了70%的构件加工，应该继续履行合同。对此，下列说法正确的有（　　）。

A. 建筑公司取消合同属于违约行为
B. 已完工作量超过一半，应当继续履行合同
C. 建筑公司有权解除合同
D. 建筑公司必须与加工厂协商一致才能解除合同
E. 建筑公司应赔偿加工厂损失

考点 6　运输合同【了解】

1. 【多选】货运合同的法律特征有（　　）。

A. 货运合同是双务、有偿合同
B. 货运合同多为定型化合同
C. 货运合同的客体是运送的货物本身
D. 货运合同是诺成合同
E. 货运合同的收货人和托运人可以是同一人

2. 【单选】甲建筑工程公司委托王某购买一批建筑材料并负责运到施工工地。在运输途中发生了洪水，造成了时间延误和部分材料损毁。在这种情况下，王某（　　）。

A. 承担材料毁损的责任
B. 承担时间延误的责任
C. 承担全部责任
D. 不承担任何责任

PART 6

第六章
建设工程安全生产法律制度

学习计划：

扫码做题
熟能生巧

学如逆水行舟 不进则退

第一节 建设单位和相关单位的安全责任制度

■ 知识脉络

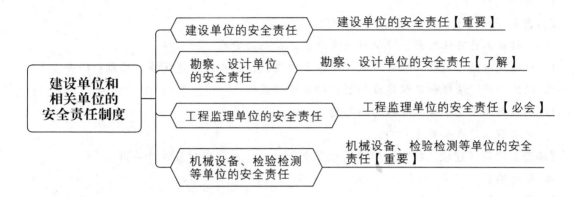

考点 1　建设单位的安全责任【重要】

1. 【单选】根据《建设工程安全生产管理条例》，建设单位的安全责任不包括（　　）。
   A. 依法办理有关批准手续
   B. 申领施工许可证时应当提供有关安全施工措施的资料
   C. 落实安全设施"三同时"
   D. 审查施工组织设计是否符合工程建设强制性标准

2. 【多选】下列属于建设单位安全责任的有（　　）。
   A. 向建筑施工单位提供与施工现场相关的地下管线资料
   B. 任意压缩合同约定工期
   C. 明示施工单位购买不符合安全施工要求的消防设施
   D. 房屋拆除应当由具备相应资质等级的建筑施工单位承担
   E. 需要临时停水、停电、中断道路交通的，应办理申请批准手续

3. 【多选】下列属于《建设工程安全生产管理条例》规定的建设单位安全责任的有（　　）。
   A. 向施工单位提供真实、准确、完整的地下管线等相关资料
   B. 确定建设工程安全作业环境及安全施工措施费用
   C. 不得要求购买、租赁和使用不符合安全施工要求的用具设备等
   D. 在施工现场设置明显的安全警示标志
   E. 申领施工许可证应当提供有关安全施工措施的资料

4. 【单选】甲房地产公司的下列做法中，符合安全生产法律规定的是（　　）。
   A. 要求施工企业购买其制定的不合格消防器材
   B. 申请施工许可证时没有提供保障工程安全施工措施的资料
   C. 甲向施工企业提供的地下工程资料不准确
   D. 甲在拆除工程施工 15 日前将相关资料报送有关部门

考点 2 勘察、设计单位的安全责任【了解】

1.【单选】为了保证勘察作业的安全，勘察人员必须严格按照（　　）执行。
   A. 施工组织设计
   B. 安全技术措施
   C. 施工方案
   D. 操作规程

2.【多选】下列属于设计单位安全责任的有（　　）。
   A. 申领施工许可证时应当提供有关安全施工措施的资料
   B. 严格执行操作规程，采取措施保证各类管线、设施和周边建筑物、构筑物的安全
   C. 按照法律、法规和工程建设强制性标准进行设计
   D. 明确施工安全关键点并提出指导意见
   E. 对工程设计成果负责

3.【单选】根据《建设工程安全生产管理条例》，（　　）应当对其设计负责。
   A. 设计单位
   B. 建设单位和设计单位
   C. 施工单位和设计单位
   D. 设计单位和注册建筑师等

4.【多选】下列选项中，不属于设计单位安全责任的有（　　）。
   A. 确定建设工程安全作业环境及安全施工措施所需费用
   B. 对安全技术措施或专项施工方案进行审查
   C. 按照法律、法规和工程建设强制性标准进行设计
   D. 对"三新"等工程的施工安全提出措施建议
   E. 对设计成果承担责任

5.【单选】注册执业人员未执行法律、法规和工程建设强制性标准的，责令停止执业 3 个月以上 1 年以下；情节严重的，吊销执业资格证书，（　　）年内不予注册。
   A. 5　　　　　　　　　　　　　　　　B. 3
   C. 2　　　　　　　　　　　　　　　　D. 1

考点 3 工程监理单位的安全责任【必会】

1.【单选】下列属于监理单位主要安全责任的是（　　）。
   A. 组织专家论证、审查深基坑专项施工方案
   B. 审查施工组织设计中的安全技术措施是否符合工程建设强制性标准
   C. 申领施工许可证时，提供建设工程有关安全施工措施的资料
   D. 提出保障施工作业人员安全和预防生产安全事故的措施建议

2.【单选】某工程监理单位在实施监理过程中，发现现场存在安全事故隐患，且情况严重。对此，监理单位应采取的措施是（　　）。
   A. 要求施工单位对存在的安全事故隐患进行整改
   B. 要求施工单位采取有效措施保证生产安全
   C. 要求施工单位暂时停止施工，并及时报告建设单位

D. 直接向建设单位和有关主管部门报告

考点 4　机械设备、检验检测等单位的安全责任【重要】

1.【单选】某施工承包商与设备租赁公司签订了施工机械租赁合同，则承包商应要求该设备租赁公司提供的文件不包括（　　）。
A. 生产厂家的制造许可证
B. 出厂的产品合格证明
C. 机械燃油消耗定额证明
D. 具有资质的检验检测机构出具的安全性能检测合格证明

2.【多选】某工程设备安装阶段，需要使用起吊能力为 10t 的吊车进行大型永久设备的吊装。承包商与设备租赁公司签订施工机械租赁合同时，应要求该设备租赁公司提供（　　）。
A. 生产厂家的吊车制造许可证
B. 吊车出厂的产品合格证明
C. 机械燃油消耗定额证明
D. 租赁公司自行测试的安全性能检测记录
E. 具有资质的检验检测机构出具的安全性能检测合格证明

3.【单选】安装、拆卸施工起重机械，应当编制拆装方案、制定安全施工措施，并由（　　）现场实施全过程监督。
A. 施工单位负责项目管理的技术负责人
B. 安装、拆卸单位的专业技术人员
C. 监理单位负责安全的工程师
D. 出租单位生产管理人员

4.【单选】施工起重机械和整体提升脚手架、模板等自升式架设设施安装、拆卸单位未编制拆装方案、制定安全施工措施的，责令限期改正，处（　　）的罚款。
A. 1 万元以上 2 万元以下
B. 2 万元以上 5 万元以下
C. 5 万元以上 10 万元以下
D. 10 万元以上 20 万元以下

第二节　施工安全生产许可证制度

知识脉络

考点 1　申请领取安全生产许可证的程序和条件【必会】

1.【单选】根据《建筑施工企业安全生产许可证管理规定》，下列不属于企业取得安全生产许可可证条件的是（　　）。

A. 建立、健全安全生产责任制，制定完备的安全生产规章制度和操作规程

B. 有生产安全事故应急救援预案、应急救援组织或者应急救援人员，配备必要的应急救援器材、设备

C. 依法参加工伤保险，依法为施工现场从事危险作业的人员办理意外伤害保险，为从业人员交纳保险费

D. 对所有的分部分项工程及施工现场建立预防、监控措施和应急预案

2.【多选】根据《建筑施工企业安全生产许可证管理规定》，建筑施工企业取得安全生产许可证应当具备的条件包括（　　）。

A. 建立、健全安全生产责任制，制定完备的安全生产规章制度和操作规程

B. 特种作业人员经有关部门考核合格并取得资格证书

C. 全员参加意外伤害保险

D. 设置安全生产管理机构，按照国家规定配备专职安全生产管理人员

E. 保证本单位安全生产条件所需资金的投入

3.【单选】建筑施工企业从事建筑施工活动前，应当依照《建筑施工企业安全生产许可证管理规定》，向（　　）申请领取安全生产许可证。

A. 国务院建设主管部门

B. 北京市人民政府建设主管部门

C. 企业注册所在地省、自治区、直辖市人民政府住房城乡建设主管部门

D. 企业承建项目所在地省、自治区、直辖市人民政府安全生产监督管理部门

考点 2　安全生产许可证的有效期和撤销【重要】

1.【单选】某施工企业于2023年3月1日取得安全生产许可证，该许可证至（　　）有效期届满。

A. 2025年3月1日　　　　　　　　B. 2026年3月1日

C. 2024年3月1日　　　　　　　　D. 2027年3月1日

2.【单选】安全生产许可证可以予以撤销，下列不属于可撤销已颁发的安全生产许可证情形的是（　　）。

A. 企业安全管理制度有待优化时取得安全生产许可证的

B. 安全生产许可证颁发管理机关工作人员滥用职权颁发安全许可证的

C. 超越法定职权颁发安全许可证的

D. 违反法定程序颁发安全生产许可证的

3.【多选】关于安全生产许可证的说法，正确的有（　　）。

A. 有效期为3年，企业应当于期满前1个月向原发证机关办理延期手续

B. 施工企业变更注册地址的不必办理安全生产许可证变更手续

C. 对没有安全生产许可证的施工企业，不得颁发施工许可证

D. 超越法定职权颁发安全生产许可证的，应当撤销

E. 未发生死亡事故的，安全生产许可证有效期届满时自动延期

第三节 施工单位安全生产责任制度

■ 知识脉络

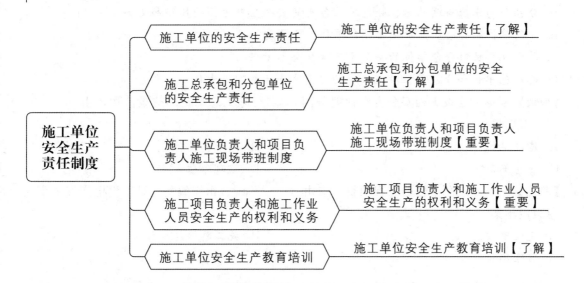

考点 1 施工单位的安全生产责任【了解】

1. 【单选】根据《安全生产法》，施工企业主要负责人对安全生产的责任是（　　）。
   A. 工程项目实行总承包的，定期考核分包单位安全生产管理情况
   B. 保证本企业安全生产投入的有效实施
   C. 督促落实本企业重大危险源的安全管理措施
   D. 在施工现场组织协调工程项目安全生产活动

2. 【多选】根据《建筑施工企业安全生产管理机构设置及专职安全生产管理人员配备办法》，关于建筑施工企业安全生产管理机构专职安全生产管理人员配备的说法，正确的有（　　）。
   A. 建筑施工总承包特级资质专职安全生产管理人员不少于6人
   B. 建筑施工企业安全生产管理机构专职安全生产管理人员的配备与企业经营规模和生产需要有关，与企业设备管理无关
   C. 建筑施工专业承包二级和二级以下资质企业的专职安全生产管理人员不少于2人
   D. 建筑施工企业的分公司、区域公司等较大的分支机构不需要具备专职安全生产管理人员
   E. 建筑施工劳务分包资质序列企业的专职安全生产管理人员不少于2人

3. 【多选】根据相关规定，下列施工安全管理的情形中，应判定为重大事故隐患的有（　　）。
   A. 建筑施工企业未取得安全生产许可证擅自从事建筑施工活动
   B. 未建立健全生产安全事故隐患排查治理制度
   C. 施工单位的主要负责人、项目负责人、专职安全生产管理人员未取得安全生产考核合格证书从事相关工作
   D. 建筑施工特种作业人员未取得特种作业人员操作资格证书上岗作业

E. 危险性较大的分部分项工程未编制、未审核专项施工方案，或未按规定组织专家对"超过一定规模的危险性较大的分部分项工程范围"的专项施工方案进行论证

考点 2　施工总承包和分包单位的安全生产责任【了解】

1.【单选】建设工程施工总承包单位依法将建设工程分包给其他单位的，关于安全生产责任的说法，正确的是（　　）。
A. 分包合同中应当明确总、分包单位各自的安全生产方面的权利和义务
B. 分包单位的安全生产责任由分包单位独立承担
C. 总承包单位对分包单位的安全生产承担全部责任
D. 总承包单位和分包单位对施工现场安全生产承担同等责任

2.【单选】根据《建设工程安全生产管理条例》，实行施工总承包的建设工程，由（　　）负责上报事故。
A. 建设单位　　　　　　　　B. 总承包单位
C. 分包单位　　　　　　　　D. 监理单位

3.【单选】实行施工总承包的工程项目，应由（　　）统一组织编制建设工程生产安全事故应急救援预案。
A. 建设单位　　　　　　　　B. 施工总承包单位
C. 监理单位　　　　　　　　D. 各分包单位

考点 3　施工单位负责人和项目负责人施工现场带班制度【重要】

1.【单选】下列关于建筑施工企业负责人带班检查的说法中，错误的是（　　）。
A. 应认真做好检查记录，并分别在企业和工程项目存档备查
B. 超过一定规模的危险性较大的分部分项工程施工时，应到施工现场进行带班检查
C. 建筑施工企业负责人要定期带班检查，每月检查时间不少于其工作日的25%
D. 对于有分公司（非独立法人）的企业集团，集团负责人因故不能到现场的，必须书面委托工程所在地的分公司负责人对施工现场进行带班检查

2.【单选】建筑施工企业负责人要定期带班检查，每月检查时间不少于其工作日的（　　）。
A. 15%　　　　　　　　　　B. 10%
C. 25%　　　　　　　　　　D. 30%

3.【单选】根据《建筑施工企业负责人及项目负责人施工现场带班暂行办法》，项目负责人每月带班生产时间不得少于本月施工时间的（　　）。
A. 50%　　　　　　　　　　B. 60%
C. 80%　　　　　　　　　　D. 90%

考点 4　施工项目负责人和施工作业人员安全生产的权利和义务【重要】

1.【单选】根据《建设工程安全生产管理条例》，下列不属于施工单位项目负责人的安全生产责任的是（　　）。
A. 确保安全生产费用的投入
B. 及时、如实报告生产安全事故
C. 对建设工程项目的安全施工负责

D. 根据工程的特点组织制定安全施工措施，消除安全事故隐患

2.【多选】施工作业人员安全生产的权利包括（   ）。
   A. 了解其作业场所和工作岗位存在的危险因素、防范措施和事故应急措施
   B. 对本单位安全生产工作中存在的问题提出批评、检举、控告
   C. 获得符合国家标准或行业标准的劳动防护用品
   D. 获得工伤保险、安全生产责任保险和意外伤害保险赔偿的权利
   E. 发现事故隐患立即向本单位负责人报告

3.【单选】作业人员李某在脚手架上施工时，发现部分扣件松动可能会导致架体坍塌，故停止了作业。李某的行为属于行使（   ）。
   A. 拒绝权   B. 知情权
   C. 紧急避险权   D. 检举权

4.【多选】下列属于施工作业人员安全生产义务的有（   ）。
   A. 接受安全生产教育培训
   B. 报告施工安全事故隐患
   C. 获得安全防护用具
   D. 正确使用安全防护用具
   E. 检举本单位安全生产的违规行为

考点 5　施工单位安全生产教育培训【了解】

1.【多选】下列施工单位人员中，应当经建设行政主管部门考核合格方可任职的有（   ）。
   A. 施工单位的主要负责人
   B. 项目负责人
   C. 专职安全生产管理人员
   D. 项目技术员
   E. 从事施工安全的所有负责人

2.【多选】施工单位的（   ）等特种作业人员，必须按照国家有关规定经过专门的安全作业培训，并取得特种作业操作资格证书后，方可上岗作业。
   A. 垂直运输机械作业人员
   B. 安全生产管理人员
   C. 起重信号工
   D. 安装拆卸工
   E. 爆破作业人员

3.【单选】建筑施工企业的管理人员和作业人员每（   ）应至少进行一次安全生产教育培训并考核合格。
   A. 半年   B. 1年
   C. 2年   D. 3年

4.【单选】建筑企业要对新职工进行至少（   ）学时的安全培训，每年进行至少（   ）学时的再培训。
   A. 12，10   B. 30，20

C. 32，20
D. 40，10

5. 【单选】根据《国务院安委会关于进一步加强安全培训工作的决定》，高危企业新职工安全培训合格后，要在经验丰富的工人师傅带领下，实习至少（　　）个月后方可独立上岗。

A. 6
B. 3
C. 2
D. 1

第四节　施工现场安全防护制度

■ 知识脉络

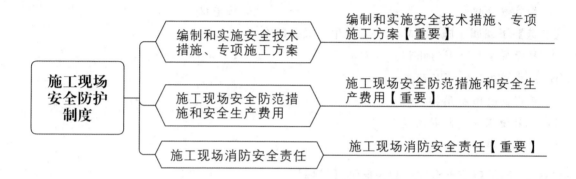

考点 1　编制和实施安全技术措施、专项施工方案【重要】

1. 【单选】某施工总承包单位将起重机械安装拆卸工程分包给了专业承包单位，该分包工程专项施工方案的编制者可以是（　　）。

A. 建设单位
B. 专业承包单位
C. 安装单位
D. 监理单位

2. 【多选】关于危险性较大的分部分项工程专项施工方案的说法，正确的有（　　）。

A. 施工企业应当在危险性较大的分部分项工程施工前组织工程技术人员编制专项施工方案
B. 专项施工方案应当由施工企业负责人审核签字、加盖单位公章
C. 专项施工方案经论证不通过的，施工企业修改后应当重新组织专家论证
D. 危险性较大的分部分项工程实行分包的，由施工总承包单位编制专项施工方案
E. 专项施工方案经论证需修改后通过的，施工企业根据论证报告修改完善后，可以直接实施

3. 【单选】根据《建设工程安全生产管理条例》规定，对达到一定规模的危险性较大的分部分项工程，应编制专项施工方案，而应编制专项施工方案的工程不包括（　　）。

A. 基坑支护与降水工程
B. 脚手架工程
C. 楼地面工程
D. 土方开挖工程

考点 2　施工现场安全防范措施和安全生产费用【重要】

1. 【单选】张先生骑自行车路过一条正在修理的路段时，掉进一个没有设置明显标志也未采取安全措施的基坑中，造成身体多处受伤，花去医疗费 5000 元。张某伤好出院后多次找该工

程建设单位和施工单位索赔,双方互相推诿,则承担该责任的主体应该是（　　）。

A. 张先生与建设单位
B. 施工单位
C. 张先生与施工单位
D. 张先生本人

2. 【多选】根据《建设工程安全生产管理条例》,施工单位应当在（　　）等危险部位设置明显的安全警示标志。

A. 脚手架
B. 基坑边沿
C. 楼梯口
D. 工人食堂
E. 施工现场入口处

3. 【单选】根据《危险化学品安全管理条例》,进行可能危及危险化学品管道安全的施工作业,施工单位应当在开工的（　　）日前书面通知管道所属单位,并与管道所属单位共同制定应急预案,采取相应的安全防护措施。

A. 5　　　　　　　　　　　　B. 7
C. 15　　　　　　　　　　　 D. 10

4. 【单选】关于建设工程施工企业安全费用的提取,下列说法错误的是（　　）。

A. 以建筑安装工程造价为计提依据
B. 建设单位应当在合同中单独约定并于工程开工日1个月内向承包单位支付至少50%企业安全生产费用
C. 房屋建筑工程安全费用提取标准为3%
D. 市政公用工程安全费用提取标准为2.5%

考点 3　施工现场消防安全责任【重要】

1. 【单选】关于消防安全职责的具体要求,说法错误的是（　　）。

A. 生产经营单位安全费用应当保证适当比例用于消防工作
B. 设有消防控制室的,实行24小时值班制度,每班不少于3人,并持证上岗
C. 人员密集场所的门窗不得设置影响逃生和灭火救援的障碍物
D. 定期开展防火检查、巡查,及时消除火灾隐患

2. 【多选】根据《建设工程安全生产管理条例》,下列职责中,属于施工企业在施工现场的消防安全责任的有（　　）。

A. 在施工现场建立消防安全责任制度
B. 确定消防安全责任人
C. 建立专职消防队
D. 制定用火、用电等消防安全管理制度和操作规程
E. 设置消防通道、消防水源,配备消防设施和灭火器材

第五节　施工生产安全事故的应急救援和调查处理

知识脉络

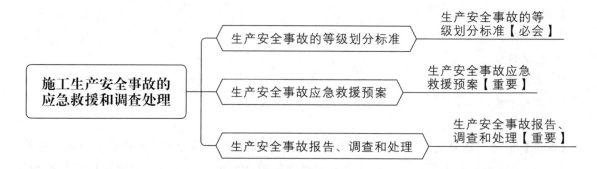

考点 1　生产安全事故的等级划分标准【必会】

1. 【单选】某施工工地起重机倒塌，造成5人死亡7人受伤，该事故的等级属于（　　）。
   A. 特别重大事故　　　　　　　　　B. 重大事故
   C. 较大事故　　　　　　　　　　　D. 一般事故

2. 【单选】某工地发生了安全事故，造成3人死亡，按照《生产安全事故报告和调查处理条例》的规定，该事故属于（　　）事故。
   A. 较大　　　　　　　　　　　　　B. 重大
   C. 特别重大　　　　　　　　　　　D. 一般

3. 【单选】某市地铁工程施工作业面内，因大量水和流沙涌入，引起部分结构损坏及周边地区地面沉降，造成3栋建筑物严重倾斜，直接经济损失约1.5亿元。根据《生产安全事故报告和调查处理条例》规定，该事故的等级属于（　　）。
   A. 特别重大事故　　　　　　　　　B. 重大事故
   C. 较大事故　　　　　　　　　　　D. 一般事故

4. 【单选】根据《生产安全事故报告和调查处理条例》，下列生产安全事故等级的判定中，正确的是（　　）。
   A. 造成1000万元直接经济损失，属于一般事故
   B. 造成12人死亡，属于较大事故
   C. 造成58人重伤，属于特别重大事故
   D. 造成35人死亡，属于特别重大事故

考点 2　生产安全事故应急救援预案【重要】

1. 【单选】建筑施工单位应当至少（　　）组织1次生产安全事故应急救援预案演练，并将演练情况报送所在地县级以上地方人民政府负有安全生产监督管理职责的部门。
   A. 每年　　　　　　　　　　　　　B. 每半年
   C. 每季度　　　　　　　　　　　　D. 每月

2. 【单选】关于生产安全事故应急预案的实施,下列说法错误的是(   )。
   A. 应急救援队伍根据救援命令参加生产安全事故应急救援所耗费用,全部由事故单位承担
   B. 组织抢救遇险人员,救治受伤人员,研判事故发展趋势以及可能造成的危害
   C. 通知可能受到事故影响的单位和人员,隔离事故现场,划定警戒区域,疏散受到威胁的人员,实施交通管制
   D. 采取必要措施,防止事故危害扩大和次生、衍生灾害发生,避免或者减少事故对环境造成的危害

考点 3 生产安全事故报告、调查和处理【重要】

1. 【多选】《房屋市政工程生产安全事故报告和查处工作规程》规定,事故报告主要应当包括(   )。
   A. 事故的发生时间、地点和工程项目名称
   B. 事故的简要经过和初步原因
   C. 事故已经造成或者可能造成的伤亡人数(包括下落不明人数)
   D. 事故救援情况
   E. 事故发生的原因

2. 【单选】国务院住房和城乡建设主管部门应当在特别重大和重大事故发生后(   )小时内,向国务院上报事故情况。
   A. 3   B. 4
   C. 1   D. 2

第六节　政府主管部门安全生产监督管理

■ 知识脉络

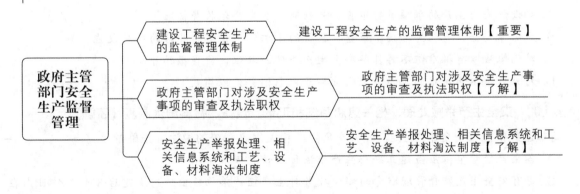

考点 1 建设工程安全生产的监督管理体制【重要】

1. 【单选】根据《房屋建筑和市政基础设施工程施工安全监督规定》,下列关于建设工程施工安全监督管理的说法,正确的是(   )。
   A. 施工安全监督人员应当具有工程类中级及以上专业技术职称
   B. 施工安全监督机构监督人员应当占监督机构总人数的60%以上

C. 工程项目因故中止施工的，监督机构不得对工程项目中止施工安全监督
D. 施工安全监督包括处理与工程项目施工安全相关的投诉、举报

2. 【单选】关于建设工程安全生产监督管理体制的说法，错误的是（　　）。
   A. 国务院负责安全生产监督管理的部门对全国建设工程安全生产工作实施综合监督管理
   B. 国务院住房城乡建设主管部门对全国的建设工程安全生产实施监督管理
   C. 施工安全监督人员应当具有5年及以上施工安全管理经验
   D. 县级以上地方人民政府住房城乡建设主管部门可以将施工安全监督工作委托所属的施工安全监督机构具体实施

3. 【单选】工程项目施工安全监督档案保存期限为（　　）年，自归档之日起计算。
   A. 2　　　　　　　　　　　　　　　　　B. 3
   C. 4　　　　　　　　　　　　　　　　　D. 5

4. 【多选】施工安全监督机构应当具备的条件包括（　　）。
   A. 具有完整的组织体系，岗位职责明确
   B. 具有符合规定的施工安全监督人员，人员数量满足监督工作需要且专业结构合理，其中监督人员应当占监督机构总人数的75%以上
   C. 具有符合规定的施工安全监督人员，人员数量满足监督工作需要且专业结构合理，其中监督人员应当占监督机构总人数的70%以上
   D. 具有固定的工作场所，配备满足监督工作需要的仪器、设备、工具及安全防护用品
   E. 有健全的施工安全监督工作制度，具备与监督工作相适应的信息化管理条件

考点 2　政府主管部门对涉及安全生产事项的审查及执法职权【了解】

【单选】负有安全生产监督管理职责的部门依照有关法律、法规的规定，对涉及安全生产的事项需要审查批准或者验收的，必须严格依照有关法律、法规，国家标准或行业标准规定的安全生产条件和程序进行。根据《安全生产法》规定，关于负有安全生产监督管理职责的部门行使行政许可审批职权的说法，正确的是（　　）。
A. 对设计安全生产的事项进行审查、验收时，应当公示收费标准
B. 为保障安全，有权要求接受审查、验收的单位使用指定的品牌的安全设施
C. 对已依法取得批准但不再具备安全生产条件的单位，应当撤销原批准
D. 对未依法取得批准的单位，应当立即予以取消并处以罚款

考点 3　安全生产举报处理、相关信息系统和工艺、设备、材料淘汰制度【了解】

【单选】根据《安全生产法》，关于安全生产相关信息系统的说法，正确的是（　　）。
A. 各生产经营单位应当建立安全生产违法行为信息库
B. 负有安全生产监督管理职责的部门应当对生产经营单位作出处罚决定后3个工作日内在监督管理部门公示系统予以公开曝光
C. 对违法行为情节严重的生产经营单位及其有关从业人员，应当及时向社会公告
D. 一经记入违法行为信息库则不得从事生产经营活动

PART 7

第七章
建设工程质量法律制度

学习计划:

第一节 工程建设标准

知识脉络

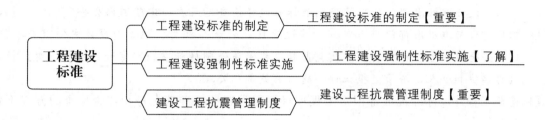

考点 1 工程建设标准的制定【重要】

1.【单选】下列国家标准中，属于强制性国家标准的是（　　）。
   A. 工程建设通用的信息技术标准
   B. 工程建设行业专用的试验方法
   C. 工程建设通用的有关安全、卫生和环境保护的标准
   D. 工程建设勘察行业专用的质量要求

2.【单选】工程建设国家标准分为强制性标准和推荐性标准。下列不属于强制性标准的是（　　）。
   A. 工程建设施工（包括安装）及验收通用的综合标准
   B. 工程建设通用的有关安全、卫生和环境保护的标准
   C. 工程建设通用的术语、符号、代号、量与单位、建筑模数和制图方法标准
   D. 工程建设重要的通用的试验、检验和评定方法标准

3.【单选】关于行业标准与国家标准之间的效力关系，下列说法错误的是（　　）。
   A. 行业标准在相应的国家标准公布之后继续有效
   B. 行业标准不得与国家标准相抵触
   C. 对没有推荐性国家标准的技术要求，可以制定行业标准
   D. 行业标准在相应的国家标准公布后，应当及时修订或废止

4.【单选】关于工程建设团体标准，下列说法正确的是（　　）。
   A. 团体标准必须高于推荐性标准的相关技术要求
   B. 团体标准不得高于强制性标准的相关技术要求
   C. 团体标准由本团体成员约定采用
   D. 团体标准不能供本团体外的社会采用

考点 2 工程建设强制性标准实施【了解】

1.【单选】某施工企业在对建筑材料进行检验时采取了如下做法，其中不符合规定的是（　　）。
   A. 未经检验或者检验不合格的建筑材料，不得在工程上使用

B. 将工程设计要求和施工技术标准作为检验的依据
C. 将合同约定作为检验的依据
D. 检验结果按自编格式形成书面记录

2.【单选】下列关于监督检查的内容和方式的说法,错误的是（　　）。
A. 工程建设标准批准部门可以对工程项目执行强制性标准情况进行监督检查
B. 监督检查可以采取重点检查、抽查和专项检查的方式
C. 工程建设标准批准部门应当将强制性标准监督检查结果在一定范围内公告
D. 工程建设标准批准部门应当定期对建设项目规划审查机关、施工图设计文件审查单位、建筑安全监督管理机构、工程质量监督机构实施强制性标准的监督进行检查,对监督不力的单位和个人,给予通报批评,建议有关部门处理

3.【单选】工程建设标准批准部门对工程项目执行强制性标准情况进行监督检查的方式不包括（　　）。
A. 专项检查　　　　　　　　　　　　B. 交叉检查
C. 抽选检查　　　　　　　　　　　　D. 重点检查

考点 3　建设工程抗震管理制度【重要】

1.【单选】实行施工总承包的,隔震减震装置应当由（　　）完成。
A. 具有相应资质的专业分包单位　　　B. 总承包单位
C. 建设单位　　　　　　　　　　　　D. 监理单位

2.【单选】已经建成的下列工程中,抗震设防措施未达到抗震设防要求的,应按国家有关规定进行抗震性能鉴定,并采取必要的抗震加固措施的是（　　）。
A. 可能发生灾害的建设工程　　　　　B. 学校、医院等人员密集场所的建设工程
C. 具有艺术价值的建设工程　　　　　D. 地震监视防御区内的建设工程

第二节　无障碍环境建设制度

知识脉络

考点 1　无障碍设施建设【了解】

1.【单选】根据《无障碍环境建设法》规定,无障碍设施改造工作由（　　）负责。
A. 建设单位　　　　　　　　　　　　B. 使用人
C. 所有权人或者管理人　　　　　　　D. 县级以上人民政府

2. 【单选】关于无障碍设施建设的说法，错误的是（　　）。
   A. 无障碍设施应当与主体工程同步规划、同步设计、同步施工、同步验收、同步交付使用
   B. 工程建设单位应当将无障碍设施建设经费纳入工程建设项目概预算
   C. 工程建设单位不得明示或者暗示设计、施工单位违反无障碍设施工程建设标准；不得擅自将未经验收或者验收不合格的无障碍设施交付使用
   D. 工程建设、设计、施工等单位应当采用先进的理念和技术，建设人性化、系统化、智能化并与周边环境相协调的无障碍设施

考点 2　无障碍环境建设保障措施【重要】

【单选】根据《无障碍环境建设法》，下列关于无障碍环境建设宣传教育的说法，正确的是（　　）。
   A. 高等学校、中等职业学校等应当开设无障碍环境建设相关专业和课程
   B. 各类职业资格和继续教育的考试内容应当包括无障碍环境建设知识
   C. 建筑、交通运输等相关学科专业应当增加无障碍环境建设的教学和实践内容
   D. 企业事业单位应当对工作人员进行无障碍服务知识与技能培训

考点 3　无障碍环境建设监督管理【了解】

【多选】根据《无障碍环境建设法》，下列关于无障碍环境建设监督管理的说法，正确的有（　　）。
   A. 县级以上人民政府建立无障碍环境建设信息公示制度，定期发布无障碍环境建设情况
   B. 无障碍环境建设评估结果应当向社会公布
   C. 残疾人联合会应当聘请残疾人代表对无障碍环境建设情况进行监督
   D. 对违反《无障碍环境建设法》规定损害社会公共利益的行为，老年人代表可以提起公益诉讼
   E. 乡镇人民政府应当在职责范围内，开展无障碍环境建设工作

第三节　建设单位及相关单位的质量责任和义务

■ 知识脉络

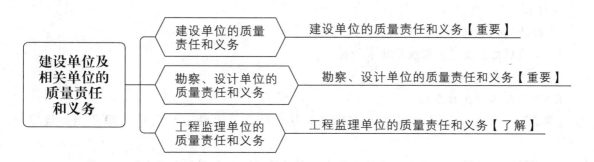

考点 1　建设单位的质量责任和义务【重要】

1. 【单选】建设单位的下列行为中，违反《建设工程质量管理条例》规定的是（　　）。
   A. 迫使承包方以低价竞标

B. 要求施工单位缩短工期

C. 要求设计单位降低设计标准

D. 暗示施工单位违反工程建设强制性标准

2. 【单选】某建设工程依法应实行监理，下列说法符合《建设工程质量管理条例》规定的是（　　）。

A. 建设单位应当委托该工程的设计单位进行监理

B. 建设单位应当委托具有工程监理相应资质等级的单位进行监理

C. 监理单位不能与建设单位有隶属关系

D. 施工监理单位不能与该工程的设计单位有利害关系

3. 【单选】某学院教学楼装修改造过程中，施工单位的下列行为被禁止的是（　　）。

A. 按照设计图纸改动电器线路布置

B. 按照建设单位要求将原门洞口扩大

C. 按照设计单位要求对结构梁进行加固

D. 按照监理单位要求做防水层蓄水试验

4. 【多选】下列建设工程项目，必须实施工程监理的是（　　）。

A. 建筑面积为 6 万 m² 的成片开发的住宅小区建筑工程

B. 世界银行贷款建设的卫生设施

C. 开发一幢写字楼

D. 项目总投资额为 4000 万元的大中型公用事业工程

E. 国家重点建设工程

考点 2　勘察、设计单位的质量责任和义务【重要】

1. 【单选】关于勘察、设计单位相关质量责任和义务的说法，正确的是（　　）。

A. 按照法律、法规和工程建设强制性标准进行设计

B. 指定建筑材料、专用设备、工艺生产线的生产厂、供应商，以保证材料的供应

C. 设计文件应当符合国家规定的设计深度要求，无须标注工程合理使用年限

D. 依法联合施工单位进行安全技术交底

2. 【单选】根据《建设工程质量管理条例》，设计单位在设计文件中选用的建筑材料、建筑构配件和设备，应当（　　）。

A. 按照建设单位的指令确定

B. 注明规格、型号、性能等技术指标

C. 注明生产厂、供应商

D. 征求施工企业的意见

3. 【单选】下列关于设计文件技术交底的说法，符合《建设工程质量管理条例》规定的是（　　）。

A. 在报审施工图文件前，设计单位应当向施工单位详细说明该施工图设计文件

B. 在报审施工图文件时，设计单位应当向建设单位简要说明该施工图设计文件

C. 在施工图文件审查合格后，设计单位应当向施工单位详细说明该施工图设计文件

D. 在施工图文件审查合格后，设计单位应当向建设单位详细说明该施工图设计文件

4. 【单选】在发生工程质量事故后，下列有关设计单位法定义务的说法，符合《建设工程质量管理条例》规定的是（　　）。
   A. 设计单位应当对因设计造成的质量事故，提出相应的技术处理方案
   B. 设计单位应当参与建设工程质量事故处理，并提出事故责任认定方案
   C. 设计单位应当参与建设工程质量事故分析，并对全部事故提出相应的技术处理方案
   D. 设计单位应当参与建设工程质量事故分析，并提出相应的设计变更方案

考点 3　工程监理单位的质量责任和义务【了解】

1. 【单选】根据《建设工程监理规范》的规定，下列不属于实施建设工程监理应遵循的主要依据是（　　）。
   A. 法律法规及工程建设标准　　　　B. 工程施工图纸
   C. 建设工程勘察设计文件　　　　　D. 建设工程监理合同及其他合同文件
2. 【单选】未经（　　）签字，建筑材料、建筑构配件和设备不得在工程上使用或者安装，施工单位不得进行下一道工序的施工。未经（　　）签字，建设单位不拨付工程款，不进行竣工验收。
   A. 总监理工程师，总监理工程师　　B. 总监理工程师，监理工程师
   C. 监理工程师，监理工程师　　　　D. 监理工程师，总监理工程师
3. 【多选】下列属于监理工程师在建设工程施工中的监理形式的有（　　）。
   A. 旁站　　　　　　　　　　　　　B. 平行检验
   C. 巡视　　　　　　　　　　　　　D. 重点抽查
   E. 巡查

第四节　施工单位的质量责任和义务

■ 知识脉络

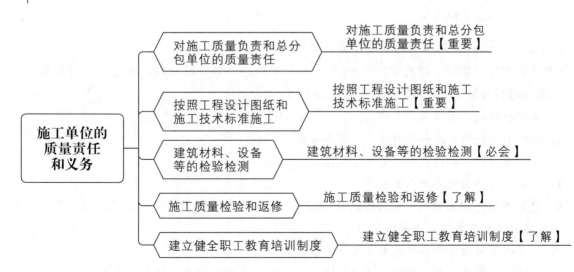

考点 1　对施工质量负责和总分包单位的质量责任【重要】

1. 【单选】甲公司投标承包了一栋高档写字楼工程的施工总承包业务，经业主方认可将其中的专业工程分包给了具有相应资质等级的乙公司。工程施工中，乙公司分包的工程发生质量事故，给业主造成10万元的损失而产生了赔偿责任。对此，正确的处理方式应是（　　）。

   A. 业主方只能要求乙赔偿

   B. 如果业主方要求甲赔偿，甲能以乙是业主认可的分包商为由而拒绝

   C. 甲不能拒绝业主方的10万元赔偿要求，但赔偿后可按分包合同的约定向乙追赔

   D. 乙可以拒绝甲的追赔要求

2. 【单选】根据《建筑法》的规定，施工总承包单位将工程分包的，应当对分包工程的质量承担（　　）。

   A. 替代责任　　　　　　　　　　B. 按份责任

   C. 补充责任　　　　　　　　　　D. 连带责任

考点 2　按照工程设计图纸和施工技术标准施工【重要】

1. 【单选】某项目分期开工建设，开发商二期工程3、4号楼仍然复制使用一期工程的施工图纸。施工时，施工单位发现该图纸使用的02标准图集现已废止，施工单位的正确做法是（　　）。

   A. 继续按图施工

   B. 按现行图集套改后继续施工

   C. 及时向相关单位提出修改建议

   D. 由施工单位技术人员修改图纸

2. 【单选】施工企业在施工过程中发现设计文件和图纸有差错的，应当（　　）。

   A. 继续按设计文件和图纸施工

   B. 对设计文件和图纸进行修改，按修改后的设计文件和图纸进行施工

   C. 对设计文件和图纸进行修改，征得设计单位同意后按修改后的设计文件和图纸进行施工

   D. 及时提出意见和建议

考点 3　建筑材料、设备等的检验检测【必会】

1. 【单选】根据《建设工程质量管理条例》，施工单位应当对建筑材料、构配件、设备和商品混凝土进行检验，下列做法不符合规定的是（　　）。

   A. 未经检验的，不得用于工程

   B. 检验不合格的，应当重新检验，直至合格

   C. 检验应按规定的格式形成书面记录

   D. 检验应有相关的专业人员签字

2. 【单选】根据《房屋建筑工程和市政基础设施工程实行见证取样和送检的规定》，下列关于见证取样人员的说法，正确的是（　　）。

   A. 见证人员应由建设单位的专业管理人员担任

   B. 见证人员必须由该工程的监理单位中具备施工试验知识的专业技术人员担任

   C. 取样人员应由该工程的监理单位的专业技术人员担任

D. 试样应作出标识、封志，并由见证人员和取样人员签字

3. 【多选】必须实施见证取样和送检的试块、试件和材料有（　　）。
   A. 用于承重结构的混凝土试块
   B. 用于承重墙体的砌筑砂浆试块
   C. 用于承重结构的钢筋及连接接头试件
   D. 所有的水泥材料
   E. 地下、屋面、厕浴间使用的防水材料

4. 【单选】见证取样和送检是指在（　　）人员的见证下，由施工单位的现场试验人员对工程中涉及结构安全的试块、试件和材料在现场取样，并送至经过省级以上建设行政主管部门对其资质认可和质量技术监督部门对其计量认证的质量检测单位进行检测。
   A. 建设单位或监理单位
   B. 施工企业质量管理部门
   C. 设计单位或监理单位
   D. 建设工程质量监督机构

考点 4　施工质量检验和返修【了解】

【多选】根据《建设工程质量管理条例》，隐蔽工程在隐蔽前，施工单位应当通知（　　）。
   A. 建设单位
   B. 勘察单位
   C. 设计单位
   D. 建设工程质量监督机构
   E. 建设工程质量检测机构

考点 5　建立健全职工教育培训制度【了解】

【多选】关于建立健全施工企业职工教育培训制度的说法，正确的有（　　）。
   A. 教育培训考核不合格的人员不得上岗作业
   B. 充分发挥住房和城乡建设主管部门的技能培训主体作用
   C. 大力推行现代学徒制和企业新型学徒制
   D. 加大对装配式建筑等新兴职业（工种）建筑工人的培养
   E. 鼓励企业和行业协会积极举办各类技能竞赛

第五节　建设工程竣工验收制度

知识脉络

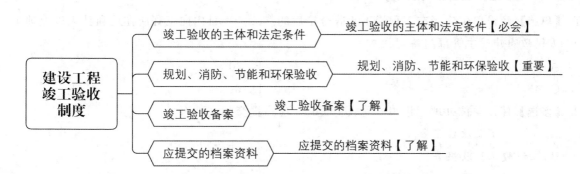

考点 1　竣工验收的主体和法定条件【必会】

1. 【单选】根据《建设工程质量管理条例》，关于建设工程竣工验收应当具备的条件的说法，

错误的是（　　）。
A. 完成建设工程设计和合同约定的各项内容
B. 有勘察、设计、施工等单位共同签署的质量合格文件
C. 有完整的技术档案和施工管理资料
D. 有工程使用的主要建筑材料、建筑构配件和设备的进场试验报告

2.【多选】建设工程竣工验收应当具备的条件包括（　　）。
A. 完成建设工程设计和合同约定的主要内容
B. 有工程使用的主要建筑材料、建筑构配件和设备的进场试验报告
C. 有勘察、设计、施工、工程监理等单位分别签署的质量合格文件
D. 有施工单位签署的工程保修书
E. 有建设单位签署的质量合格文件

考点 2　规划、消防、节能和环保验收【重要】

1.【单选】建设单位在工程竣工验收合格后，应当在规定的期限内向城乡规划主管部门报送有关竣工验收资料，该期限为（　　）个月。
A. 1 　　　　　　　　　　　　B. 3
C. 6 　　　　　　　　　　　　D. 12

2.【单选】根据《消防法》规定，应当申请消防验收的建设工程竣工，建设单位应当向（　　）申请消防验收。
A. 公安机关消防机构　　　　　B. 住房和城乡建设主管部门
C. 设计单位　　　　　　　　　D. 施工单位

3.【单选】根据《城乡规划法》，下列关于规划验收的说法，正确的是（　　）。
A. 建设工程是否符合规划条件，应当由县级人民政府城乡规划主管部门按规定予以核实
B. 经核实不符合规划条件的建设工程，建设单位获得有关人民政府土地主管部门批准可以组织竣工验收
C. 规划条件未经核实的建设工程，建设单位不得组织竣工验收
D. 施工单位应当在竣工验收后向城乡规划主管部门报送有关竣工验收资料

考点 3　竣工验收备案【了解】

1.【单选】建设单位应当在工程竣工验收合格后的（　　）日内向工程所在地和县级以上地方人民政府建设主管部门备案。
A. 15 　　　　　　　　　　　B. 30
C. 45 　　　　　　　　　　　D. 60

2.【多选】建设单位办理工程竣工验收备案时，应当提交的文件有（　　）。
A. 工程竣工验收备案表
B. 工程竣工验收报告
C. 施工单位签署的工程质量保修书
D. 施工合同
E. 法律、行政法规规定应当由规划等部门出具的认可文件或者准许使用文件

3. 【单选】根据《房屋建筑和市政基础设施工程竣工验收备案管理办法》，关于竣工验收备案的说法，正确的是（　　）。
   A. 备案机关发现建设单位在竣工验收过程中有违反国家有关建设工程质量管理规定行为的，应当责令停止使用，重新组织竣工验收
   B. 备案机关收到施工企业报送的竣工验收备案文件，验证文件齐全后，应当在工程竣工验收备案表上签署文件收讫
   C. 工程竣工验收备案表一式三份，一份由建设单位保存，一份由施工企业保存，一份留备案机关存档
   D. 备案机关决定重新组织竣工验收并责令停止使用的工程，建设单位擅自继续使用造成使用人损失的，由施工企业依法承担赔偿责任

考点 4　应提交的档案资料【了解】

1. 【单选】在建设工程竣工验收后，向建设行政主管部门或者其他有关部门移交建设项目档案的主体是（　　）。
   A. 施工单位　　　　　　　　　　　B. 建设单位
   C. 设计单位　　　　　　　　　　　D. 监理单位

2. 【单选】关于工程竣工验收后提交档案资料的说法，正确的是（　　）。
   A. 对改建、扩建和重要部位维修的工程，应当组织设计、施工单位据实修改、补充和完善原建设工程档案
   B. 工程竣工验收后 6 个月内，应当向城建档案馆报送一套符合规定的建设工程档案
   C. 勘察、设计、施工、监理等单位应当将本单位形成的工程文件立卷后向城建档案馆移交
   D. 移交电子档案的，可以不移交相应纸质档案

第六节　建设工程质量保修制度

■ 知识脉络

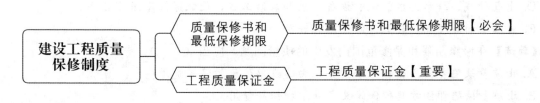

考点 1　质量保修书和最低保修期限【必会】

1. 【单选】根据《建设工程质量管理条例》，施工单位向建设单位提交工程质量保修书的时间是（　　）。
   A. 工程竣工验收合格后
   B. 工程竣工时
   C. 提交工程竣工验收报告时
   D. 工程竣工结算后

2. 【多选】根据《建设工程质量管理条例》，工程承包单位出具的工程质量保修书中，应当明确的内容有（   ）。
   A. 保修范围
   B. 保修期限
   C. 保修价格
   D. 保修责任
   E. 保修效果

3. 【单选】某高层住宅工程结构设计合理使用年限为50年，屋面防水等级为一级，设计使用年限为15年，该工程于2023年8月5日竣工验收合格并交付使用。下列施工单位出具的质量保修书的内容中，不符合法律法规要求的是（   ）。
   A. 基础设施工程的保修期限为该工程的合理使用年限
   B. 屋面防水工程的保修期限为5年
   C. 供热系统的保修期限自2023年采暖期开始日起，到2024年采暖期结束日止
   D. 电气管线、给水排水管道、装修工程的保修期限为1年

4. 【单选】根据《建设工程质量管理条例》，建设工程保修期自（   ）之日起计算。
   A. 竣工验收合格
   B. 交付使用
   C. 发包方支付全部价款
   D. 竣工验收备案

5. 【单选】根据《建设工程质量管理条例》，装修工程和主体结构工程的最低保修期限分别为（   ）。
   A. 2年和3年
   B. 5年和该工程合理使用年限
   C. 2年和5年
   D. 2年和该工程合理使用年限

6. 【多选】关于保修范围和最低保修期限的说法，正确的有（   ）。
   A. 基础设施工程、房屋建筑的地基基础工程和主体结构工程，最低保修期限为设计文件规定的该工程合理使用年限
   B. 屋面防水工程和有防水要求的卫生间、房间，最低保修期限为2年
   C. 供热与供冷系统，最低保修期限为1个采暖期、供冷期
   D. 电气管线、给水排水管道、设备安装和装修工程，最低保修期限为2年
   E. 外墙面的防渗漏，最低保修期限为5年

7. 【单选】在保修期限和保修范围内发生的质量问题，应当（   ）。
   A. 由质量缺陷责任方履行保修义务，由建设单位承担保修费用
   B. 由质量缺陷责任方履行保修义务并承担保修费用
   C. 由施工单位履行保修义务并承担保修费用
   D. 由施工单位履行保修义务，由质量缺陷责任方承担保修费用

考点 2　工程质量保证金【重要】

1. 【单选】建设工程质量保证金是从应付的工程款中预留，用以保证承包人对建设工程出现的缺陷进行维修的资金。该缺陷出现的时间应在（   ）内。
   A. 缺陷责任期
   B. 保修期
   C. 竣工验收期
   D. 工程使用期

2.【多选】按照《建设工程质量保证金管理办法》中关于工程建设缺陷责任期的规定，下列说法正确的有（　　）。

A. 缺陷责任期一般为1年，最长不超过2年

B. 缺陷责任期从工程通过竣工验收之日起计

C. 承包人导致竣工迟延的，缺陷责任期从实际通过竣工验收之日起计

D. 发包人导致竣工迟延的，在承包人提交竣工验收报告后进入缺陷责任期

E. 发包人导致竣工迟延的，在承包人提交竣工验收报告后60天，自动进入缺陷责任期

3.【单选】发包人应按照合同约定方式预留保证金，保证金总预留比例不得高于工程价款结算总额的（　　）。

A. 2%
B. 3%
C. 5%
D. 10%

PART 8

第八章
建设工程环境保护和历史文化遗产保护法律制度

学习计划：

扫码做题
熟能生巧

路漫漫其修远兮
吾将上下而求索

第一节 建设工程环境保护制度

■ 知识脉络

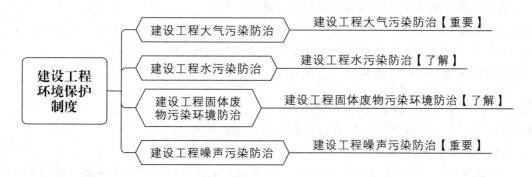

考点 1　建设工程大气污染防治【重要】

1.【单选】建设单位因为施工单位违约，暂停工程的施工，对于暂时不能开工的建设用地，建设单位应当对裸露地面进行覆盖；超过（　　）的，应当进行绿化、铺装或者遮盖。

A. 1个月　　　　　　　　　　　B. 3个月

C. 6个月　　　　　　　　　　　D. 1年

2.【单选】城市范围内主要路段的施工工地应设置高度不小于（　　）m 的封闭围挡，一般路段的施工工地应设置高度不小于（　　）m 的封闭围挡。

A. 2.5，1.8　　　　　　　　　　B. 1.8，2.5

C. 2.5，0.8　　　　　　　　　　D. 0.8，1.5

3.【单选】施工现场使用的石料、水泥、石灰、粉煤灰、砂子等材料，经常出现粉尘四处弥漫的情况。对此，下列说法正确的是（　　）。

A. 市区施工不允许使用此类容易产生环境污染的物质

B. 必须采取防燃、防尘措施，防止大气污染

C. 只要交纳罚款，可以不采取防护措施

D. 由于企业本身从事公益事业，对环境造成影响并不违法

考点 2　建设工程水污染防治【了解】

1.【单选】关于施工现场水污染防治的说法，错误的是（　　）。

A. 禁止向水体排放生活污水

B. 禁止利用渗井、渗坑、裂隙、溶洞，私设暗管，篡改、伪造监测数据等方式排放水污染物

C. 在饮用水水源保护区内，禁止设置排污口

D. 禁止向水体排放油类、酸液、碱液或者剧毒废液

2.【单选】根据《城镇排水与污水处理条例》，以下关于排水户应遵守的规定，说法正确的是（　　）。

A. 排水户无须申请领取污水排入排水管网许可证即可排污

B. 排水户缴纳了污水处理费后不再需要缴纳排污费

C. 排水户排放污水不需要按照许可证的要求

D. 城镇排水主管部门在审查时可忽视影响设施安全运行的事项

考点 3 建设工程固体废物污染环境防治【了解】

【单选】关于施工中产生的建筑垃圾防治的说法，正确的是（　　）。

A. 施工现场的生活垃圾可以混入建筑垃圾进行处置

B. 应当采用现场泥沙分离、泥浆脱水预处理等工艺，减少工程渣土和工程泥浆排放

C. 施工企业应当以末端处置为导向对建筑垃圾进行细化分类

D. 工程施工单位不得擅自倾倒、抛撒或者堆放工程施工过程中产生的建筑垃圾

考点 4 建设工程噪声污染防治【重要】

1. 【单选】下列关于《噪声污染防治法》的规定，说法正确的是（　　）。

   A. 禁止夜间进行建筑施工作业

   B. 因特殊需要必须夜间连续施工作业的，应当取得地方人民政府住房和城乡建设、生态环境主管部门或者地方人民政府指定的部门的证明，并在施工现场显著位置公示或者以其他方式公告附近居民

   C. 因特殊需要必须夜间连续作业的，必须事先告知附近居民并获得其同意

   D. 禁止夜间进行产生噪声污染的建筑施工作业，但因特殊需要必须连续作业的除外

2. 【多选】下列在市区进行的产生噪声污染的项目中，可以在夜间施工而不需要有关主管部门证明的有（　　）。

   A. 抢险救灾作业

   B. 特殊需要必须连续作业

   C. 自来水管道爆裂抢修

   D. 施工单位计划向国庆献礼而抢进度的施工

   E. 路面塌陷抢修

3. 【多选】关于交通运输噪声污染防治的说法，正确的有（　　）。

   A. 机动车的消声器和喇叭应当符合国家规定

   B. 禁止驾驶拆除或者损坏消声器、加装排气管等擅自改装的机动车以轰鸣、疾驶等方式造成噪声污染

   C. 机动车应当加强维修和保养，保持性能良好，防止噪声污染

   D. 警车、消防救援车、工程救险车、救护车等机动车安装、使用警报器，应当符合国务院公安等部门的规定

   E. 机动车辆应安装、使用警报器

4. 【单选】关于建设施工噪声污染防治的说法，正确的是（　　）。

   A. 建设单位应当按照规定将噪声污染费用列入工程造价

   B. 建设单位应当在可能造成噪声污染的重点路段设置噪声自动检测系统

   C. 在噪声敏感建筑物集中区域，禁止夜间进行产生噪声的抢险施工作业

   D. 在噪声敏感建筑物集中区域施工作业，应当使用低噪声施工设备

第二节　施工中历史文化遗产保护制度

■ 知识脉络

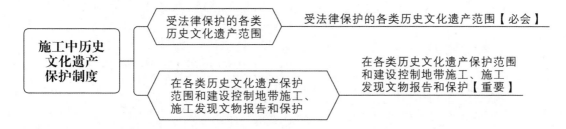

考点 1　受法律保护的各类历史文化遗产范围【必会】

1. 【单选】根据《文物保护法》，下列属于受国家保护的文物的是（　　）。
   A. 具有历史价值的壁画　　　　　　　　B. 与历史事件有关的史迹
   C. 古脊椎动物化石　　　　　　　　　　D. 古人类化石

2. 【单选】下列不属于国家所有的可移动文物的是（　　）。
   A. 民营企业家捐赠给国家的文物
   B. 某国有企业收藏的文物
   C. 中国境内出土的文物
   D. 国家指定保护的纪念建筑物

3. 【单选】属于集体所有和私人所有的纪念建筑物、古建筑和祖传文物以及依法取得的其他文物，其所有权（　　）。
   A. 归集体所有　　　　　　　　　　　　B. 归国家所有
   C. 归个人所有　　　　　　　　　　　　D. 受法律保护

考点 2　在各类历史文化遗产保护范围和建设控制地带施工、施工发现文物报告和保护【重要】

1. 【单选】经有关部门依法办理批准手续后，可以在历史文化名城、名镇、名村保护范围内进行的活动是（　　）。
   A. 修建生产、储存腐蚀性物品的仓库
   B. 改变园林绿地、河湖水系等自然状态的活动
   C. 占用保护规划确定保留的道路
   D. 在历史建筑上刻划

2. 【单选】关于在文物保护单位和建设控制地带内从事建设活动的说法，正确的是（　　）。
   A. 在文物保护单位的保护范围内及其周边的一定区域不得进行挖掘作业
   B. 在全国重点文物保护单位的保护范围内进行挖掘作业，必须经国务院批准
   C. 在省、自治区、直辖市重点文物保护单位的保护范围内进行挖掘作业的，必须经国务院文物行政部门同意

D. 因特殊情况需要在文物保护单位的保护范围内进行挖掘作业的，应经核定公布该文物保护单位的人民政府批准，并在批准前征得上一级人民政府文物行政部门同意

3. 【单选】根据《历史文化名城名镇名村保护条例》，在历史文化街区、名镇、名村核心保护范围内，允许的建设活动是（　　）。

A. 新建影视摄制基地　　　　　　　　　B. 新建商业综合体
C. 扩建办公楼　　　　　　　　　　　　D. 扩建必要的基础设施

PART 9

第九章
建设工程劳动保障法律制度

学习计划：

扫码做题
熟能生巧

立学以读书为本
立身以立学为先

第一节　劳动合同制度

■ 知识脉络

考点 1　劳动合同订立【重要】

1.【单选】用人单位与劳动者约定以某项工作的完成为期限的合同为（　　）劳动合同。
　A. 固定期限　　　　　　　　　　　　B. 无固定期限
　C. 以完成一定任务为期限　　　　　　D. 短期

2.【单选】下列劳动合同条款属于必备条款的是（　　）。
　A. 福利待遇　　　　　　　　　　　　B. 休息休假和工作时间
　C. 试用期　　　　　　　　　　　　　D. 补充保险

3.【多选】某建筑公司与应届毕业的大学生王某以书面形式签订了一份劳动合同，下列属于该劳动合同必备条款的有（　　）。
　A. 劳动合同期限为 5 年　　　　　　　B. 劳动报酬为 2000 元/月
　C. 试用期为 3 个月　　　　　　　　　D. 每年参加培训时间不得少于 10 天
　E. 从事施工现场管理工作

4.【多选】下列劳动合同条款中，属于可约定条款的有（　　）。
　A. 社会保险　　　　　　　　　　　　B. 试用期
　C. 保守商业秘密　　　　　　　　　　D. 补充保险
　E. 休息休假

5.【单选】订立劳动合同应当采用（　　）。
　A. 书面形式　　　　　　　　　　　　B. 口头形式
　C. 公正形式　　　　　　　　　　　　D. 格式条款

6.【单选】劳动合同仅约定试用期的，按照《劳动合同法》的规定，该合同（　　）。
　A. 试用期为劳动合同期限
　B. 按无效劳动合同处理
　C. 按无固定期限合同处理
　D. 按完成一定工作任务为期限的合同处理

7.【多选】下列关于劳动合同试用期的说法中，正确的有（　　）。
　A. 劳动合同期限 3 个月以上不满 1 年的，不允许约定试用期
　B. 劳动合同期限 1 年以上不满 3 年的，试用期不得超过 2 个月

C. 签订无固定期限劳动合同的，试用期不得超过1年

D. 同一用人单位与同一劳动者只能约定1次试用期

E. 如果劳动合同期限不满3个月，合同中不得约定试用期

8. 【单选】2023年12月1日，小李经面试合格后与某建筑公司签订了为期5年的用工合同，并约定了试用期，则试用期最迟至（　　）结束。

A. 2023年12月31日　　　　　　　　B. 2024年2月28日

C. 2024年3月31日　　　　　　　　D. 2024年5月31日

9. 【单选】采用欺诈、威胁等手段，使对方在违背真实意思的情况下订立的劳动合同为（　　）劳动合同。

A. 有效　　　　　　　　　　　　　B. 无效

C. 可变更　　　　　　　　　　　　D. 可撤销

10. 【多选】下列劳动合同无效的有（　　）。

A. 用人单位免除自己的法定责任、排除劳动者权利的劳动合同

B. 以欺诈、胁迫的手段，使对方在违背真实意思的情况下订立的劳动合同

C. 17周岁的未成年人订立的劳动合同

D. 用人单位发生合并或分立的劳动合同

E. 用人单位变更名称的劳动合同

11. 【单选】下列关于劳动合同试用期的说法，错误的是（　　）。

A. 劳动合同期限3个月以上不满1年的，试用期不得超过2个月

B. 3年以上固定期限和无固定期限的劳动合同，试用期不得超过6个月

C. 同一用人单位与同一劳动者只能约定1次试用期

D. 劳动合同仅约定试用期的，试用期不成立，该期限为劳动合同期限

12. 【单选】甲建筑材料公司聘请王某担任推销员，双方签订劳动合同，约定试用期为6个月，6个月后根据王某工作情况再确定劳动合同期限。对此，下列说法正确的是（　　）。

A. 甲建筑材料公司与王某订立的劳动合同属于无固定期限合同

B. 王某的工作不满1年，试用期不得超过1个月

C. 劳动合同的试用期不得超过6个月，所以王某的试用期是成立的

D. 王某的试用期不成立，6个月应为劳动合同期限

考点 2　劳动合同的履行和变更【重要】

1. 【多选】用人单位变更（　　）等事项，不影响劳动合同的履行。

A. 名称　　　　　　　　　　　　　B. 法定代表人

C. 法人　　　　　　　　　　　　　D. 主要负责人

E. 投资人

2. 【单选】关于劳动合同履行的说法，正确的是（　　）。

A. 用人单位变更名称的，原劳动合同可终止

B. 劳动者拒绝用人单位管理人员违章指挥、强令冒险作业的，不视为违反劳动合同

C. 用人单位拖欠或者未足额支付劳动报酬的，劳动者可以向当地劳动仲裁机构申请支付令

D. 用人单位发生合并或者分立等情况的，需重新签订劳动合同

考点 3　劳动合同的解除和终止【必会】

1. 【单选】根据《劳动法》的规定，下列关于劳动合同解除方式的说法，不正确的是（　　）。
   A. 经劳动合同当事人协商一致，劳动合同可以解除
   B. 严重失职，营私舞弊，给用人单位造成重大损害的，用人单位可以解除劳动合同
   C. 在试用期内，劳动者可解除劳动合同，但应当提前 30 日以书面形式通知用人单位
   D. 用人单位以暴力、威胁或者非法限制人身自由的手段强迫劳动的，劳动者可以立即解除劳动合同，不需要事先告知用人单位

2. 【单选】小李应聘到某建筑施工企业，双方于 6 月 10 日签订为期 3 年的劳动合同，约定试用期为 3 个月，次日合同开始履行。8 月 17 日，小李拟解除劳动合同，则（　　）。
   A. 必须取得用人单位同意
   B. 口头通知用人单位即可
   C. 应提前 3 日以书面形式通知用人单位
   D. 应提前 30 日以书面形式通知用人单位

3. 【单选】张某在某建筑公司工作，在合同尚未期满时欲与用人单位解除劳动合同，则张某应提前（　　）日以书面形式通知用人单位。
   A. 10　　　　　　　　　　　　　　B. 15
   C. 20　　　　　　　　　　　　　　D. 30

4. 【多选】下列情形中，劳动者可以立即与用人单位解除劳动合同的有（　　）。
   A. 用人单位违章指挥危及人身安全的
   B. 在试用期内的
   C. 用人单位濒临破产的
   D. 用人单位强令冒险作业危及人身安全的
   E. 用人单位以暴力、威胁手段强迫劳动者劳动的

5. 【多选】用人单位可以随时解除劳动合同的情形包括（　　）。
   A. 严重失职，营私舞弊，给用人单位造成重大损害的
   B. 严重违反劳动纪律或者用人单位规章制度的
   C. 劳动者不能胜任工作，经过培训或者调整工作岗位，仍不能胜任工作的
   D. 劳动者患病或者非因工负伤，医疗期满后，不能从事原工作也不能从事由用人单位另行安排工作的
   E. 在试用期间被证明不符合录用条件的

6. 【多选】下列情形中，用人单位可以解除劳动合同，但是应当提前 30 日以书面形式通知劳动者本人或者额外支付劳动者 1 个月工资的有（　　）。
   A. 严重违反用人单位规章制度的
   B. 劳动者患病或非因工负伤，在规定的医疗期满后不能从事原工作，也不能从事由用人单位另行安排工作的
   C. 严重失职，营私舞弊，给用人单位造成重大损害的
   D. 劳动者不能胜任工作，经过培训或者调整工作岗位，仍不能胜任工作的
   E. 劳动合同订立时所依据的客观情况发生重大变化，致使劳动合同无法履行，经当事人协

商不能就变更劳动合同内容达成协议的

7.【多选】建筑企业甲公司注册登记成立后，经有关部门批准，向社会公开招聘人员。在甲公司与被录用人员张某订立的劳动合同中，下列情形不符合《劳动合同法》规定的有（　　）。

A. 劳动合同约定试用期为1年

B. 在试用期间，张某不得通知甲公司解除劳动合同

C. 在试用期间，张某被证明不符合录用条件，甲公司可随时解除劳动合同

D. 张某如被依法追究刑事责任，甲公司可以随时解除劳动合同

E. 张某如果患病，甲公司可以随时解除劳动合同

第二节　劳动用工和工资支付保障

■ 知识脉络

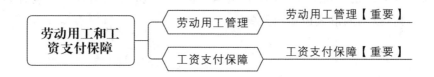

考点 1　劳动用工管理【重要】

1.【单选】劳务派遣用工模式不能在（　　）的工作岗位上实施。

A. 临时性　　　　　　　　　　B. 经常性

C. 辅助性　　　　　　　　　　D. 替代性

2.【单选】劳务派遣单位应与被派遣劳动者订立固定期限劳动合同，按月支付劳动报酬，其中固定期限劳动合同的期限最少为（　　）年。

A. 1　　　　　　　　　　　　B. 2

C. 3　　　　　　　　　　　　D. 5

3.【单选】劳务派遣单位派遣的职工在用工单位工作期间因工伤亡的，承担工伤保险责任的主体是（　　）。

A. 用工单位　　　　　　　　　B. 劳务派遣单位

C. 劳动者　　　　　　　　　　D. 国家社会保险部门

4.【单选】关于劳务派遣的说法，正确的是（　　）。

A. 劳务派遣中的劳动关系与用工关系相分离

B. 劳务派遣主要涉及劳务派遣单位和劳动者双方法律关系

C. 劳务派遣是目前建筑行业的主要用工形式

D. 劳务派遣单位不得与劳动者约定试用期

考点 2　工资支付保障【重要】

1.【单选】关于农民工工资基本保障制度，说法错误的是（　　）。

A. 农民工有按时足额获得工资的权利

B. 任何单位和个人不得拖欠农民工工资

C. 实行计件工资制的，按照月、周、日、小时为周期支付工资

D. 用人单位拖欠农民工工资的，应当依法予以清偿

2.【单选】关于最低工资保障制度的说法，正确的是（　　）。

A. 最低工资的具体标准由国务院规定

B. 最低工资的具体标准包括特殊情况下延长工作时间工资

C. 最低工资的具体标准包括特殊工作环境条件下的津贴

D. 用人单位支付劳动者的工资不得低于当地最低工资的具体标准

3.【多选】关于劳动者工资支付保障制度的说法，正确的有（　　）。

A. 终止劳动合同时，用人单位可以终止劳动合同后分期支付劳动者工资

B. 劳动者在法定工作时间内依法参加社会活动期间，用人单位无须支付工资

C. 法定休假日安排劳动者工作的，用人单位支付不低于劳动者本人日或小时工资标准的200％的工资报酬

D. 用人单位支付劳动者的工资不得低于当地最低工资标准

E. 安排劳动者在日法定标准工作时间以外延长工作时间的，按照不低于劳动合同规定的劳动者本人小时工资标准的150％支付劳动者工资

第三节　劳动安全卫生和保护

知识脉络

考点 1　劳动安全卫生【了解】

【多选】根据《职业病防治法》规定，用人单位应当采取的职业病防治管理措施包括（　　）。

A. 设置或者指定职业卫生管理机构或者组织，配备专职的职业卫生管理人员，负责本单位的职业病防治工作

B. 制定职业病防治计划和实施方案

C. 建立、健全职业卫生管理制度和操作规程

D. 建立、健全职业病危害事故应急救援预案

E. 建立、健全工作场所职业病危害因素监测及评价制度

考点 2　劳动保护【必会】

1.【单选】小刚未满17岁即应聘于某施工单位，下列说法正确的是（　　）。

A. 小刚未成年，签订的劳动合同属于无效劳动合同

B. 因为是临时工作，可以不签订劳动合同

C. 不得安排小刚从事有毒有害的劳动

D. 可以安排小刚从事有毒有害的劳动，但必须保证安全

2.【单选】根据《女职工劳动保护特别规定》，下列关于女职工在经期禁忌从事劳动范围的说法，正确的是（   ）。

A. 在经期可以从事第二级低温作业

B. 在经期可以从事第二级冷水作业

C. 在经期可以从事第二级高处作业

D. 在经期可以从事第三级高处作业

3.【单选】关于女职工特殊保护的说法，正确的是（   ）。

A. 对在孕期的女职工，用人单位不得延长其劳动时间

B. 女职工不得从事矿山井下作业

C. 用人单位因女职工怀孕降低工资的，不得低于当地最低工资标准

D. 怀孕女职工在劳动时间内进行产前检查，所需时间不计入劳动时间

第四节 工伤保险制度

■ 知识脉络

考点 1　工伤认定【必会】

1.【多选】下列情形中，应当认定为工伤的有（   ）。

A. 在工作时间和工作场所内，因工作原因受到事故伤害的

B. 工作时间前后在工作场所内，从事与工作有关的收尾性工作受到事故伤害的

C. 在工作时间和工作场所内，因履行工作职责受到暴力等意外伤害的

D. 在工作时间和工作岗位，突发疾病死亡或者在48小时之内经抢救无效死亡的

E. 因工外出期间，由于工作原因受到伤害或者发生事故下落不明的

2.【单选】下列情形中，应当视同工伤的有（   ）。

A. 在工作时间和工作场所内，因工作原因受到事故伤害的

B. 在工作时间和工作岗位，突发疾病死亡的

C. 因工外出期间，由于工作原因受到伤害或者发生事故下落不明的

D. 在上下班途中，受到非本人主要责任的交通事故或者城市轨道交通、客运轮渡、火车事故伤害的

3.【单选】下列不属于"不得认定为工伤或者视同工伤"的情形是（   ）。

A. 自残或者自杀的　　　　　　　　　　B. 患职业病的

C. 醉酒或者吸毒的　　　　　　　　　　D. 故意犯罪的

4. 【单选】职工认为是工伤，用人单位不认为是工伤的，由（　　）承担举证责任。
   A. 职工　　　　　　　　　　　　B. 鉴定机构
   C. 劳动部门　　　　　　　　　　D. 用人单位

考点 2　工伤保险待遇【了解】

1. 【单选】根据《工伤保险条例》，职工因工作遭受事故伤害或者患职业病，需要暂停工作接受工伤治疗的，停工留薪期一般不超过（　　）个月。
   A. 12　　　　　　　　　　　　　B. 10
   C. 8　　　　　　　　　　　　　 D. 6

2. 【单选】根据《工伤保险条例》，职工因工致残，应当保留劳动关系，退出工作岗位的伤残等级范围是（　　）伤残。
   A. 九级至十级　　　　　　　　　B. 七级至八级
   C. 五级至六级　　　　　　　　　D. 一级至四级

第五节　劳动争议的解决

■ 知识脉络

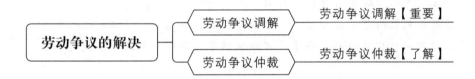

考点 1　劳动争议调解【重要】

1. 【多选】下列争议中，属于劳动争议的有（　　）。
   A. 劳动者退休后，与尚未参加社会保险统筹的原用人单位因追索养老金发生的争议
   B. 家政服务员赵某与其服务的家庭因休假发生争议
   C. 杨某因为工伤，请求用人单位依法给予工伤保险待遇发生的纠纷
   D. 大学生黄某与某公司因实习报酬发生争议
   E. 张某与用人单位因解除劳动合同后办理人事档案转移发生争议

2. 【多选】下列纠纷中，属于劳动争议范围的有（　　）。
   A. 因工作时间、休息休假、社会保险、福利培训以及劳动保护发生的争议
   B. 劳动者请求社会保险经办机构发放社会保险金的纠纷
   C. 劳动者对职业病诊断鉴定结论的异议纠纷
   D. 农村承包经营户与受雇人之间的纠纷
   E. 劳动者退休后与尚未参加社会保险统筹的原用人单位因追索养老金、医疗费、工伤保险待遇和其他社会保险而发生的纠纷

3. 【单选】关于劳动争议调解的说法，正确的是（　　）。
   A. 劳动争议调解的原则是公平、公正、公开

B. 只有当事人提出申请，劳动争议调解程序才能启动

C. 企业劳动争议调解委员会由职工代表、企业代表和行政主管部门代表组成

D. 经调解达成调解协议的，调解委员会应当制作调解协议书

考点 2　劳动争议仲裁【了解】

1. 【单选】下列不属于劳动争议仲裁委员会的组成成员的是（　　）。
   A. 工会代表　　　　　　　　　　　B. 同级人民法院代表
   C. 企业方面代表　　　　　　　　　D. 劳动行政部门代表

2. 【单选】仲裁庭裁决劳动争议案件，应当自劳动争议仲裁委员会受理仲裁申请之日起（　　）日内结束。
   A. 15　　　　　　　　　　　　　　B. 45
   C. 30　　　　　　　　　　　　　　D. 20

3. 【单选】劳动争议申请仲裁的时效期间为（　　），其仲裁时效期间从当事人知道或者应当知道其权利被侵害之日起计算。
   A. 3 年　　　　　　　　　　　　　B. 2 年
   C. 半年　　　　　　　　　　　　　D. 1 年

4. 【单选】关于劳动争议中劳动仲裁裁决的说法，正确的是（　　）。
   A. 劳动者申请先行裁决的应当提供担保
   B. 裁决由劳动争议仲裁委员会执行裁决
   C. 按照多数仲裁员的意见作出裁决，少数仲裁员的不同意见可以不记入笔录
   D. 仲裁庭逾期未作出裁决的，当事人可以就该争议事项向人民法院提起诉讼

PART 10

第十章
建设工程争议解决法律制度

学习计划：

扫码做题
熟能生巧

人生如逆旅 我亦是行人

第一节　建设工程争议和解、调解制度

■ 知识脉络

考点 1　和解【了解】

1. 【单选】当事人达成和解协议，撤回仲裁申请后反悔的，（　　）。
   A. 可以根据仲裁协议重新申请仲裁
   B. 不能再申请仲裁
   C. 只能向法院提起诉讼
   D. 仲裁申请的撤回视为无效，继续进行原仲裁程序

2. 【单选】甲公司与乙公司就某一合同纠纷进行仲裁，达成和解协议，向仲裁委员会申请撤回仲裁申请。后乙公司未按和解协议履行其义务，则甲公司可采取的解决纠纷的方式是（　　）。
   A. 可以依据仲裁协议重新申请仲裁
   B. 只能向法院提起诉讼
   C. 可以向法院提起诉讼，也可以与乙公司重新达成仲裁协议申请仲裁
   D. 可以向仲裁委员会申请恢复仲裁程序

考点 2　调解【必会】

1. 【单选】关于人民调解的说法中，正确的是（　　）。
   A. 经人民调解委员会调解达成调解协议的，应当制作调解协议书
   B. 人民法院依法确认调解协议无效的，当事人应当通过人民调解方式变更原调解协议
   C. 人民调解委员会经调解达成的调解协议具有法律约束力
   D. 当事人对人民调解委员会经调解达成的调解协议有争议的，不得起诉

2. 【单选】甲、乙双方的合同纠纷于 2023 年 8 月 7 日开庭仲裁，9 月 4 日，经仲裁庭调解，双方达成了调解协议；10 月 4 日，仲裁庭根据调解协议制定了调解书；10 月 6 日，调解书交由双方签收。根据《仲裁法》有关规定，下列说法正确的是（　　）。
   A. 该调解书与仲裁裁决书具有同等法律效力
   B. 该调解书自 2023 年 10 月 4 日产生法律效力
   C. 若当事人签收调解书，则申请人应撤回仲裁申请
   D. 若当事人签收调解书后反悔，仲裁庭应当及时作出裁决

3. 【多选】民事纠纷中，当事人达成调解协议，人民法院可以不制作调解书的有（　　）。
   A. 调解和好的离婚案件

B. 能够即时履行的案件

C. 调解维持赡养关系的案件

D. 标的额较小的案件

E. 调解继续履行的案件

第二节 仲裁制度

■ 知识脉络

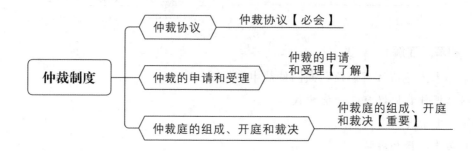

考点 1　仲裁协议【必会】

1. 【单选】关于仲裁协议效力确认的说法，正确的是（　　）。

   A. 当事人向人民法院申请确认仲裁协议效力的案件，只能由仲裁协议签订地的中级人民法院管辖

   B. 仲裁机构对仲裁协议的效力作出决定后，当事人向人民法院申请确认仲裁协议效力的，法院应当受理

   C. 当事人在仲裁庭首次开庭前没有对仲裁协议的效力提出异议，而后向人民法院申请确认仲裁协议无效的，人民法院应当受理

   D. 仲裁机构对仲裁协议的效力作出决定后，当事人申请撤销仲裁机构的决定的，法院不予支持

2. 【单选】甲、乙双方当事人达成仲裁协议（仲裁协议有效），甲方向人民法院起诉未声明有仲裁协议，人民法院受理后，乙方在首次开庭前提交仲裁协议的，人民法院应当（　　）。

   A. 驳回起诉　　　　　　　　　　B. 予以审理

   C. 终止审理　　　　　　　　　　D. 终止起诉

3. 【单选】下列有关仲裁的事项中，不属于《仲裁法》规定仲裁协议应当具有的内容是（　　）。

   A. 仲裁事项　　　　　　　　　　B. 选定的仲裁委员会

   C. 请求仲裁的意思表示　　　　　D. 仲裁裁决的效力

考点 2　仲裁的申请和受理【了解】

1. 【单选】甲、乙双方均愿就合同纠纷以仲裁方式解决，但始终未达成书面协议。后甲向仲裁委员会申请仲裁，此时仲裁委员会正确的处理方法是（　　）。

   A. 予以受理　　　　　　　　　　B. 驳回申请，令双方补充协议后再申请

C. 交给人民法院处理　　　　　　　　D. 不予受理

2.【多选】工程建设双方发生争议，申请仲裁应具备的条件有（　　）。
　　A. 有仲裁协议　　　　　　　　　　　B. 仲裁请求具体
　　C. 属于仲裁委员会的受理范围　　　　D. 选定的仲裁委员会
　　E. 有准确的被申请人

考点 3　仲裁庭的组成、开庭和裁决【重要】

1.【单选】下列关于仲裁庭组成的说法，正确的是（　　）。
　　A. 仲裁庭可以由 3 名仲裁员或 1 名仲裁员组成，由 3 名仲裁员组成的设首席仲裁员
　　B. 由若干名仲裁员组成仲裁庭的，不设首席仲裁员
　　C. 仲裁庭由 2 名仲裁员组成，当事人双方各选定 1 名
　　D. 仲裁庭可以由 1 名仲裁员和 2 名陪审员组成

2.【多选】下列关于仲裁开庭的说法，正确的有（　　）。
　　A. 被申请人经书面通知，无正当理由不到庭或者未经仲裁庭许可中途退庭的，可以缺席裁决
　　B. 当事人应当对自己的主张提供证据
　　C. 证据应当在开庭时出示，当事人可以质证
　　D. 仲裁庭不能自行收集证据
　　E. 当事人申请证据保全的，仲裁委员会应当将当事人的申请提交证据所在地的中级人民法院

3.【单选】某仲裁委员会仲裁一施工合同纠纷案件，首席仲裁员甲认为应裁决合同无效，仲裁庭组成人员乙、丙认为应裁决合同有效，但乙认为应裁决解除合同，丙认为应裁决继续履行合同，则仲裁庭应（　　）。
　　A. 按甲的意见作出裁决　　　　　　　B. 按乙或丙的意见作出裁决
　　C. 请示仲裁委员会主任并按其意见作出裁决　　D. 重新组成仲裁庭经评议后作出裁决

4.【单选】仲裁裁决作出后，当事人应当履行裁决。一方当事人不履行的，（　　）。
　　A. 由仲裁机构强制执行
　　B. 另一方当事人可就已经裁决的事项提起诉讼
　　C. 由仲裁机构向人民法院申请执行
　　D. 另一方当事人可以向人民法院申请执行

5.【单选】根据《仲裁法》，仲裁裁决不予执行的情形不包括（　　）。
　　A. 仲裁协议是发生纠纷后签订的
　　B. 裁决的事项不属于仲裁协议的范围或者仲裁机构无权仲裁的
　　C. 仲裁庭的组成或者仲裁的程序违反法定程序的
　　D. 裁决所根据的证据是伪造的

6.【多选】仲裁庭对当事人申请仲裁的争议案件经过审理并作出仲裁裁决后，对于国内仲裁裁决，当事人可以申请撤销仲裁裁决的情形有（　　）。
　　A. 裁决的事项不属于仲裁协议的范围或者仲裁委员会无权仲裁的
　　B. 裁决所根据的证据是伪造的

C. 对方当事人隐瞒了足以影响公正裁决的证据的

D. 仲裁裁决适用法律错误的

E. 仲裁庭的组成或者仲裁的程序违反法定程序的

第三节　民事诉讼制度

■ 知识脉络

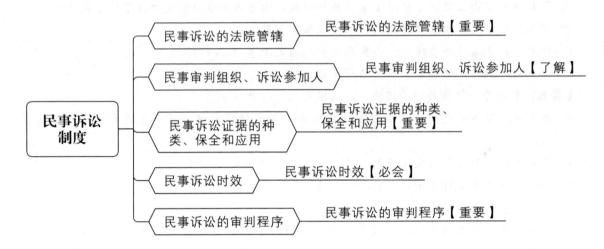

考点 1　民事诉讼的法院管辖【重要】

1. 【单选】关于民事案件的地域管辖，下列说法错误的是（　　）。

    A. 对公民提起的民事诉讼，由被告住所地人民法院管辖

    B. 被告住所地与经常居住地不一致的，由经常居住地人民法院管辖

    C. 经常居住地是指公民离开住所至起诉时已连续居住满 6 个月的地方

    D. 同一诉讼的几个被告住所地在两个以上人民法院辖区的，各人民法院都有管辖权

2. 【单选】赵某跟随同乡的包工头周某进城务工 2 年，现赵某欲对拖欠其工资 3 万元的包工头周某提起诉讼，下列说法正确的是（　　）。

    A. 此案应由中级人民法院管辖

    B. 此案应由赵某住所地人民法院管辖

    C. 此案应由周某住所地人民法院管辖

    D. 此案应由周某租住房屋所在地人民法院管辖

3. 【单选】关于人民法院管辖权的说法，错误的是（　　）。

    A. 建设工程施工合同纠纷按照不动产纠纷确定管辖

    B. 不动产纠纷由不动产所在地人民法院管辖

    C. 不动产未登记的，由被告住所地人民法院管辖

    D. 因港口作业中发生纠纷提起的诉讼，由港口所在地人民法院管辖

4. 【单选】对于一般的合同纠纷提起的诉讼，由被告住所地或者（　　）人民法院管辖。

    A. 原告营业地　　　　　　　　　　　　B. 合同履行地

C. 合同签订地 D. 原告住所地

5. 【多选】关于民事诉讼管辖制度的说法，正确的有（   ）。
   A. 甲区基层法院受理某技术转让合同纠纷案件后，发现自己没有级别管辖权，将案件移送至甲区所在市中级人民法院审理，属于管辖权转移
   B. 因房屋买卖合同纠纷提起的诉讼应由房屋所在地人民法院管辖
   C. 房屋买卖合同纠纷案件不可约定管辖法院
   D. 移送管辖有可能是因为受理法院违反了级别管辖的规定所导致
   E. 当事人可以通过协议变更案件的级别管辖

考点 2　民事审判组织、诉讼参加人【了解】

1. 【单选】下列人员中，不可以被委托为诉讼代理人的是（   ）。
   A. 律师、基层法律服务工作者
   B. 当事人的近亲属或者工作人员
   C. 当事人所在社区、单位以及有关社会团体推荐的公民
   D. 与当事人所有相关的人

2. 【多选】无独立请求权的第三人，其诉讼权利包括（   ）。
   A. 申请提起诉讼   B. 申请参加诉讼
   C. 提起反诉   D. 由法院通知参加诉讼
   E. 申请提起公益诉讼

考点 3　民事诉讼证据的种类、保全和应用【重要】

1. 【单选】下列材料不属于《民事诉讼法》中规定的证据种类的是（   ）。
   A. 书证   B. 证人证言
   C. 律师代理意见   D. 鉴定意见

2. 【单选】下列证据不能单独作为认定案件事实根据的是（   ）。
   A. 未成年人所作的证言
   B. 视听资料
   C. 无法与原件、原物核对的复制件、复制品
   D. 未出庭作证的证人证言

3. 【单选】关于认证的说法，错误的是（   ）。
   A. 存有疑点的视听资料不能作为认定案件事实根据的证据
   B. 与一方当事人有利害关系的证人出具的证言不能单独作为认定案件事实根据的证据
   C. 存有疑点的电子数据不能单独作为认定案件事实根据的证据
   D. 无法与原件核对的复印件不能单独作为认定案件事实根据的证据

考点 4　民事诉讼时效【必会】

1. 【单选】某工程施工合同约定于2021年1月1日业主应向承包商支付工程款，如果承包商一直没有提出索要工程款的要求，业主也没有主动提出同意支付工程款，则（   ）。
   A. 截止于2024年1月1日，承包商丧失诉讼权
   B. 2024年1月1日以后，即使业主同意支付工程款，承包商也无权收取

C. 截止于2024年1月1日，承包商丧失胜诉权

D. 承包商获得工程款的权利最长保护期为2年

2. 【单选】某建设单位支付工程最终结算款的时间应为2023年4月1日。由于建设单位逾期未予支付，故施工单位于2023年8月1日致函建设单位要求付款，但未得到任何答复。施工单位请求人民法院保护其权利的诉讼时效期间届满的时间为（　　）。

A. 2024年4月1日

B. 2024年8月1日

C. 2025年4月1日

D. 2026年8月1日

3. 【单选】诉讼时效期间应当从（　　）起计算。

A. 侵害行为停止时

B. 当事人知道或应当知道权利被侵害时

C. 当事人权利被侵害并产生损害后果时

D. 当事人提起赔偿主张之日

4. 【单选】按照合同的约定，2023年1月1日发包方应该向承包方支付工程款，但没有支付。2023年7月1日至8月1日之间，当地发生了特大洪水，导致承包方不能行使请求权。2023年12月3日，承包方向法院提起诉讼，请求发包方支付拖欠的工程款，2023年12月31日法院作出判决。对此，下列说法正确的是（　　）。

A. 2023年7月1日至8月1日之间诉讼时效中止

B. 2023年12月31日起诉讼时效中止

C. 2023年12月3日起诉讼时效中断

D. 2023年7月1日至8月1日之间诉讼时效中断

5. 【多选】关于诉讼时效中止的说法，正确的有（　　）。

A. 自中止时效的原因消除之日起满6个月，诉讼时效期间届满

B. 权利人向义务人提出履行请求，诉讼时效中止

C.《民法典》施行之日，中止时效的原因尚未消除的，应当适用《民法典》关于诉讼时效中止的规定

D. 在诉讼时效期间的最后6个月内，权利人被义务人或者其他人控制无法主张权利，不能行使请求权的，诉讼时效中止

E. 在诉讼时效期间的最后6个月内，因权利人提起诉讼或者申请仲裁的，诉讼时效中止

考点 5　民事诉讼的审判程序【重要】

1. 【单选】下列关于民事诉讼期间的说法，错误的是（　　）。

A. 对一审裁定不服的上诉期是10日

B. 对一审判决不服的上诉期是15日

C. 一审普通程序的审理期限是6个月

D. 再审应当在判决、裁定发生法律效力之日起1年内提出

2. 【单选】工人甲在现场作业时摔伤，将所在单位乙公司起诉至法院。乙公司对于人民法院作

出的要求其先予支付部分工伤员工医疗费用的裁定表示不服,则下列说法正确的是(   )。
   A. 乙公司可以自收到裁定之日起 10 日内上诉
   B. 乙公司可以自作出裁定之日起 15 日内上诉
   C. 乙公司可以自收到裁定之日起 15 日内上诉
   D. 乙公司对此先予支付医疗费用的裁定不得上诉

3.【多选】下列情形中,人民法院应当再审的有(   )。
   A. 管辖错误的
   B. 剥夺当事人辩论权利的
   C. 缺席判决的
   D. 原判决超出诉讼请求的
   E. 审判庭组成不合法的

第四节　行政复议制度

■ 知识脉络

考点 1　行政复议范围【了解】

1.【多选】根据《行政复议法》规定,下列不属于行政复议范围的有(   )。
   A. 国防、外交等国家行为
   B. 行政机关对行政机关工作人员的奖惩、任免等决定
   C. 对行政机关作出的赔偿决定或者不予赔偿决定不服
   D. 行政机关对民事纠纷作出的调解
   E. 认为行政机关违法集资、摊派费用或者违法要求履行其他义务

2.【单选】下列情形中,可以申请行政复议的是(   )。
   A. 行政机关对行政机关工作人员的奖惩决定
   B. 行政机关对民事纠纷作出的调解
   C. 行政机关制定的具有普遍约束力的决定
   D. 认为行政机关侵犯其经营自主权

考点 2　行政复议的申请、受理和决定【重要】

1.【单选】下列关于行政复议申请的说法,正确的是(   )。
   A. 有权对某一行政行为申请行政复议的公民死亡的,该行政行为不得再被申请行政复议
   B. 因不动产提出的行政复议申请自行政行为作出之日起超过 20 年的,行政复议机关不予受理
   C. 作出行政行为的行政机关被撤销的,不得再对其作出的行政行为申请复议

D. 申请人申请行政复议，应当书面提出

2.【单选】施工企业不服建设行政主管部门对其作出的责令停产整顿的决定，欲提起行政复议。该行政复议申请应从企业知道该具体行政行为之日起的一定期限内提出，该期限是（　　）日。
A. 15
B. 30
C. 45
D. 60

第五节　行政诉讼制度

■ 知识脉络

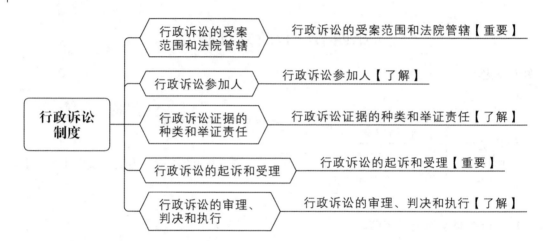

考点 1　行政诉讼的受案范围和法院管辖【重要】

【多选】下列情形中，属于我国法律规定的行政诉讼受案范围的有（　　）。
A. 对征收、征用决定及其补偿决定不服的
B. 认为行政机关滥用行政权力排除或者限制竞争的
C. 驳回当事人对行政行为提起申诉的重复处理行为
D. 认为行政机关违法集资、摊派费用或者违法要求履行其他义务的
E. 对公民、法人或者其他组织权利义务不产生实际影响的行为

考点 2　行政诉讼参加人【了解】

1.【单选】关于共同诉讼人的说法，正确的是（　　）。
A. 当事人一方人数众多的共同诉讼，应当由当事人推选代表人进行诉讼
B. "人数众多"，一般指5人以上
C. 当事人一方人数众多的共同诉讼，由当事人推选代表人
D. 当事人推选不出代表人的，应当由人民法院在起诉的当事人中指定代表人

2.【单选】下列主体中，不能作为行政诉讼被告的是（　　）。
A. 某区区长
B. 某大学
C. 某居委会
D. 某造价师协会

考点 3 行政诉讼证据的种类和举证责任【了解】

【单选】下列关于证据的质证,说法错误的是（　　）。
A. 证据应当在法庭上出示,并由当事人互相质证
B. 对未采纳的证据可以在裁判文书中说明理由
C. 以非法手段取得的证据,不得作为认定案件事实的根据
D. 对涉及国家秘密、商业秘密和个人隐私的证据,不得在公开开庭时出示

考点 4 行政诉讼的起诉和受理【重要】

1. 【单选】公民、法人或者其他组织直接向人民法院提起诉讼的,应当自知道或者应当知道作出行政行为之日起（　　）内提出。
   A. 3 个月　　　　　B. 6 个月　　　　　C. 1 年　　　　　D. 30 日

2. 【单选】关于行政诉讼起诉的说法,正确的是（　　）。
   A. 对属于人民法院受案范围的行政案件应当先向行政机关申请复议,对复议决定不服的,方可向人民法院提起诉讼
   B. 自行政行为作出之日起超过 3 年提起诉讼,人民法院不予受理
   C. 起诉的具体诉讼请求可以包括请求一并审查规章以下规范性文件
   D. 不得请求判决行政机关予以赔偿

考点 5 行政诉讼的审理、判决和执行【了解】

1. 【单选】适用简易程序审理的行政案件,由审判员一人独任审理,并应当在立案之日起（　　）日内审结。
   A. 30　　　　　　　　　　　　　B. 45
   C. 15　　　　　　　　　　　　　D. 20

2. 【单选】下列关于行政诉讼审理的说法,正确的是（　　）。
   A. 诉讼期间,不停止行政行为的执行
   B. 人民法院公开审理行政案件,当事人申请不公开审理的,可以不公开审理
   C. 当事人对停止执行或者不停止执行的裁定不服的,不得申请复议
   D. 人民法院审理行政赔偿案件,不适用调解

参考答案与解析

第一章 建设工程基本法律知识

第一节 建设工程法律基础

考点 1 法律部门和法律体系

1. 【答案】D

【解析】在我国法律体系中，根据所调整的社会关系性质不同，可以划分为不同的部门法。部门法又称法律部门，是根据一定标准、原则所制定的同类法律规范的总称。

2. 【答案】C

【解析】宪法相关法，是指《地方各级人民代表大会和地方各级人民政府组织法》《全国人民代表大会和地方各级人民代表大会选举法》《国籍法》《全国人民代表大会组织法》《国务院组织法》《民族区域自治法》等法律。

选项A错误，《行政处罚法》属于行政法。

选项B错误，《民法典》属于民法商法。

选项D错误，《政府采购法》属于经济法。

考点 2 法的形式

1. 【答案】ABD

【解析】我国法的形式是制定法形式，具体可分为以下七类：宪法；法律；行政法规；地方性法规、自治条例和单行条例；部门规章；地方政府规章；国际条约。选项C、E不属于我国法的形式。

2. 【答案】A

【解析】宪法是由全国人民代表大会依照特别程序制定的具有最高效力的根本法。

3. 【答案】B

【解析】宪法是我国的根本大法，具有最高法律效力。行政法规的法律地位和法律效力仅次于宪法和法律，高于地方性法规和部门规章。《建筑法》属于法律，《建设工程安全生产管理条例》属于行政法规，《北京市建设工程房屋拆迁管理办法》属于地方政府规章。

4. 【答案】ABCD

【解析】下列事项只能制定法律：

（1）国家主权的事项。

（2）各级人民代表大会、人民政府、监察委员会、人民法院和人民检察院的产生、组织和职权。

（3）民族区域自治制度、特别行政区制度、基层群众自治制度。

（4）犯罪和刑罚。

（5）对公民政治权利的剥夺、限制人身自由的强制措施和处罚。

（6）税种的设立、税率的确定和税收征收管理等税收基本制度。

（7）对非国有财产的征收、征用。

（8）民事基本制度。

（9）基本经济制度以及财政、海关、金融和外贸的基本制度。

（10）诉讼制度和仲裁基本制度。

（11）必须由全国人民代表大会及其常务委员会制定法律的其他事项。

选项E属于行政法规可以规定的事项。

5. 【答案】ABD

【解析】行政法规是国家最高行政机关国务院根据宪法和法律就有关执行法律和履行行政管理职权的问题，以及依据全国人民代表大会及其常务委员会特别授权所制定的规范性文件的总称。现行的建设行政法规主要有《建设工程质量管理条例》《建设工程安全生产管理条例》《建设工程勘察设计管理条例》《城市房地产开发经营管理条例》等。

选项C错误，《天津市住宅管理条例》属于地方性法规。

选项E错误，《招标公告发布暂行办法》属于部门规章。

6. 【答案】C

【解析】省、自治区、直辖市的人民代表大会及其常务委员会根据本行政区域的具体情况和实际需要，在不同宪法、法律、行政法规相抵触的前提下，可以制定地方性法规。地方性法规的表现形式是"地名＋条例"，所以《北京市建筑市场管理条例》属于地方性法规。

7. 【答案】B

【解析】地方政府规章的表现形式是"地名＋规定/办法/实施细则"。

选项A错误，《民法典》属于法律。

选项C错误，《安徽省建设工程造价管理条例》属于地方性法规。

选项D错误，《市政公用设施抗灾设防管理规定》属于部门规章。

8. 【答案】B

【解析】地方性法规的表现形式为"地名＋条例"；部门规章的表现形式为"××规定/办法"；行政法规的表现形式为"××条例"；地方政府规章的表现形式为"地名＋规定/办法"。

考点 3 法的效力层级

1. 【答案】D

【解析】我国法的效力层级是：宪法至上；上位法优于下位法；特别法优于一般法；新法优于旧法等。

2. 【答案】D

【解析】《建筑法》属于法律，《建设工程质量管理条例》《建设工程安全生产管理条例》属于行政法规，《注册建造师管理规定》《建设工程施工现场管理规定》属于部门规章，《北京市建筑市场管理条例》《河北省建筑市场管理条例》属于地方性法规。

在我国法律体系中，法律的效力是上位法优于下位法，具体表现为：宪法＞法律＞行政法规＞地方性法规和部门规章。

3. 【答案】B

【解析】选项A错误，特别法优于一般法，是指公法权力主体在实施公权力行为中，当一般规定与特别规定不一致时，优先适用特别规定。

选项B正确，地方性法规的效力高于本级和下级地方政府规章。

选项C错误，宪法是我国的根本大法，具有最高的法律效力。宪法作为根本法和母法，是其他立法活动的最高法律依据。任何法律、法规都必须遵循宪法而产生，无论是维护社会稳定、保障社会秩序，还是规范经济秩序，都不能违背宪法的基本准则。

选项D错误，行政法规的法律地位和法律效力仅次于宪法和法律，高于地方性法规和部门规章。

4. 【答案】A

【解析】地方性法规与部门规章之间对同一事项的规定不一致，不能确定如何适用时，由国务院提出意见，国务院认为应当适用地方性法规的，应当决定在该地方适用地方性法规的规定；认为应当适用部门规章的，应当提请全国人民代表大会常务委员会裁决。

5. 【答案】ACDE

【解析】地方性法规、规章之间不一致时，由有关机关依照下列规定的权限作出裁决：

（1）同一机关制定的新的一般规定与旧的特别规定不一致时，由制定机关裁决。

（2）地方性法规与部门规章之间对同一事项的规定不一致，不能确定如何适用时，由国务院提出意见，国务院认为应当适用地方性法规的，应当决定在该地方适用地方性法规的规定；认为应当适用部门规章的，应当提请全国人民代表大会常务委员会裁决，选项

B错误。

（3）部门规章之间、部门规章与地方政府规章之间对同一事项的规定不一致时，由国务院裁决。

第二节　建设工程物权制度

考点 1　物权的设立、变更、转让、消灭

1. 【答案】AB

【解析】选项A正确，不动产物权的设立、变更、转让和消灭，经依法登记，发生效力；未经登记，不发生效力。

选项B正确，当事人之间订立有关设立、变更、转让和消灭不动产物权的合同，除法律另有规定或者合同另有约定外，自合同成立时生效。

选项C错误，依法属于国家所有的自然资源，所有权可以不登记。

选项D错误，未办理物权登记的，不影响合同效力。

选项E错误，不动产物权转让必须经过登记才发生物权变动的效力，不是自愿登记。

2. 【答案】D

【解析】当事人之间订立有关设立、变更、转让和消灭不动产物权的合同，除法律另有规定或者合同另有约定外，自合同成立时生效；未办理物权登记的，不影响合同效力。

3. 【答案】ABE

【解析】选项A、B、E正确，不动产物权的设立、变更、转让、消灭，应当依照法律规定登记，自记载于不动产登记簿时发生效力。经依法登记，发生效力；未经登记，不发生效力，但法律另有规定的除外。

选项C错误，不动产登记，由不动产所在地的登记机构办理。

选项D错误，依法属于国家所有的自然资源，所有权可以不登记。

4. 【答案】B

【解析】动产物权的设立和转让，自交付时发生效力，但法律另有规定的除外。船舶、航空器和机动车等的物权的设立、变更、转让和消灭，未经登记，不得对抗善意第三人。

考点 2　物权的保护

1. 【答案】B

【解析】选项A错误，物权受到侵害的，权利人可以通过和解、调解、仲裁、诉讼等途径解决。

选项C错误，侵害物权，除承担民事责任外，违反行政管理规定的，依法承担行政责任；构成犯罪的，依法追究刑事责任。

选项D错误，因物权的归属、内容发生争议的，利害关系人可以请求确认权利，而不是请求返还原物。

2. 【答案】ACDE

【解析】物权的保护是指通过法律规定的方法和程序保障物权人在法律许可的范围内对其财产行使占有、使用、收益、处分权利的制度。物权受到侵害的，权利人可以通过和解、调解、仲裁、诉讼等途径解决。

3. 【答案】ABD

【解析】选项C错误，无权占有不动产或者动产的，权利人可以请求返还原物。

选项E错误，物权保护方式，可以单独适用，也可以根据权利被侵害的情形合并适用。

考点 3　所有权

1. 【答案】D

【解析】处分权是指依法对财产进行处置，决定财产在事实上或法律上命运的权能。处分权的行使决定着物的归属。处分权是所有人的最基本的权利，是所有权内容的核心。

2. 【答案】B

【解析】选项A错误，占有权是指对财产实际掌握、控制的权能。

选项C错误，收益权是指收取由原物产生出来的新增经济价值的权能。

选项D错误，处分权是指依法对财产进行

处置，决定财产在事实上或法律上命运的权能。

3. 【答案】C

【解析】选项A错误，所有权在法律上受到一定的限制。最主要的限制是，为了公共利益的需要，依照法律规定的权限和程序可以征收集体所有的土地和组织、个人的房屋及其他不动产。

选项B错误，财产所有权的权能，是指所有人对其所有的财产依法享有的权利，包括占有权、使用权、收益权、处分权。

选项C正确，占有权是行使物的使用权的前提条件，是所有权人行使财产所有权的一种方式。

选项D错误，收益往往是因为使用而产生的，因而收益权也往往与使用权联系在一起。但是，收益权本身是一项独立的权能，而使用权并不能包括收益权。

考点 4　用益物权

1. 【答案】ABCE

【解析】用益物权包括土地承包经营权、建设用地使用权、宅基地使用权、居住权和地役权。

2. 【答案】B

【解析】地役权人有权按照合同约定，利用他人的不动产，以提高自己的不动产的效益。他人的不动产为供役地，自己的不动产为需役地。

3. 【答案】CE

【解析】选项A、B错误，选项C正确。地役权人有权按照合同约定，利用他人的不动产，以提高自己的不动产的效益。他人的不动产为供役地，自己的不动产为需役地。

选项D错误，地役权自地役权合同生效时设立。当事人要求登记的，可以向登记机构申请地役权登记；未经登记，不得对抗善意第三人。

选项E正确，需役地以及需役地上的土地承包经营权、建设用地使用权部分转让时，转

让部分涉及地役权的，受让人同时享有地役权。

4. 【答案】A

【解析】选项A正确、选项B错误，地役权人有权按照合同约定，利用他人的不动产，以提高自己的不动产的效益。甲、乙之间设立的是地役权，而非担保物权。

选项C错误，地役权自地役权合同生效时设立。公证和登记都不是地役权设立的条件。当事人要求登记的，可以向登记机构申请地役权登记；未经登记，不得对抗善意第三人。

选项D错误，需役地以及需役地上的土地承包经营权、建设用地使用权部分转让时，转让部分涉及地役权的，受让人同时享有地役权。因此，甲公司将需役地上的建设用地使用权转让给丙公司，丙公司享有地役权。

5. 【答案】C

【解析】地役权人有权按照合同约定，利用他人的不动产，以提高自己的不动产的效益。他人的不动产为供役地，自己的不动产为需役地。

需役地以及需役地上的土地承包经营权、建设用地使用权部分转让时，转让部分涉及地役权的，受让人同时享有地役权。所以甲不能以任何形式单独保留或出让地役权，只能和其房产一起转让，转让后受让人享有地役权。

6. 【答案】B

【解析】房随地走，地随房走。需役地以及需役地上的土地承包经营权、建设用地使用权部分转让时，转让部分涉及地役权的，受让人同时享有地役权。

7. 【答案】C

【解析】建设用地使用权自登记时设立。

8. 【答案】C

【解析】根据《民法典》的规定，耕地的承包期为30年；草地的承包期为30年至50年；林地的承包期为30年至70年。

9. 【答案】BCE

【解析】选项 A 错误, 建设用地使用权人有权将建设用地使用权转让、互换、出资、赠与或者抵押, 但法律另有规定的除外。
选项 D 错误, 设立建设用地使用权的, 应当向登记机构申请建设用地使用权登记。建设用地使用权自登记时设立。

考点 5 担保物权

1. 【答案】C
【解析】债务人或者第三人有权处分的下列财产可以抵押:
(1) 建筑物和其他土地附着物。
(2) 建设用地使用权。
(3) 海域使用权。
(4) 生产设备、原材料、半成品、产品。
(5) 正在建造的建筑物、船舶、航空器。
(6) 交通运输工具。
(7) 法律、行政法规未禁止抵押的其他财产。
抵押人可以将上述所列财产一并抵押。
下列财产不得抵押:
(1) 土地所有权。
(2) 宅基地、自留地、自留山等集体所有土地的使用权, 但是法律规定可以抵押的除外。
(3) 学校、幼儿园、医疗机构等为公益目的成立的非营利法人的教育设施、医疗卫生设施和其他公益设施。
(4) 所有权、使用权不明或者有争议的财产。
(5) 依法被查封、扣押、监管的财产。
(6) 法律、行政法规规定不得抵押的其他财产。

2. 【答案】A
【解析】债务人或者第三人有权处分的下列财产可以抵押:
(1) 建筑物和其他土地附着物。
(2) 建设用地使用权。
(3) 海域使用权。
(4) 生产设备、原材料、半成品、产品。

(5) 正在建造的建筑物、船舶、航空器。
(6) 交通运输工具。
(7) 法律、行政法规未禁止抵押的其他财产。
抵押人可以将上述所列财产一并抵押。
对于以上第 (1) 项至第 (3) 项规定的财产, 或者第 (5) 项规定的正在建造的建筑物抵押的, 应当办理抵押登记。抵押权自登记时设立。

3. 【答案】B
【解析】塔吊属于动产, 当事人以动产抵押的, 抵押权自抵押合同生效时设立。

4. 【答案】B
【解析】选项 A 错误, 抵押物折价后, 其价款超过债权数额的部分归抵押人所有, 不足部分由债务人清偿。
选项 C 错误, 抵押权人与抵押人未就抵押权实现方式达成协议的, 抵押权人可以请求人民法院拍卖、变卖抵押财产。
选项 D 错误, 同一财产向两个以上债权人抵押, 登记的优于未登记的。抵押合同都登记的, 按登记的先后顺序清偿。

5. 【答案】D
【解析】权利质权是以权利出质的质权。债务人或者第三人可以将有权处分的下列权利出质:
(1) 汇票、本票、支票。
(2) 债券、存款单。
(3) 仓单、提单。
(4) 可以转让的基金份额、股权。
(5) 可以转让的注册商标专用权、专利权、著作权等知识产权中的财产权。
(6) 现有的以及将有的应收账款。
(7) 法律、行政法规规定可以出质的其他财产权利。

6. 【答案】CE
【解析】选项 A 错误, 留置的标的只能是合法占有的动产。
选项 B 错误, 是否转移占有是质押和抵押的区别, 但是留置权要成立, 必须要有抵押人占有抵押物。

选项C正确，留置权人负有妥善保管留置物的义务。

选项D错误，留置物留置期间债权人可以与债务人协议处理留置物。

选项E正确，债务人不履行到期债务，债权人可以留置已经合法占有的债务人的动产，并有权就该动产优先受偿。

7.【答案】ADE

【解析】选项A正确，债务人不履行到期债务，债权人可以留置已经合法占有的债务人的动产，并有权就该动产优先受偿。选项B、C错误，《民法典》规定，留置权人与债务人应当约定留置财产后的债务履行期限；没有约定或者约定不明确的，留置权人应当给债务人60日以上履行债务的期限，但是鲜活易腐等不易保管的动产除外。

选项D正确，留置权人负有妥善保管留置物的义务；因保管不善致使留置财产毁损、灭失的，应当承担赔偿责任。

选项E正确，债务人逾期未履行的，留置权人可以与债务人协议以留置财产折价，也可以就拍卖、变卖留置财产所得的价款优先受偿。

8.【答案】D

【解析】债务人不履行到期债务，债权人可以留置已经合法占有的债务人的动产，并有权就该动产优先受偿。

考点 6 占有

【答案】BCE

【解析】选项B错误，自主占有是指占有人以所有的意思对物从事的占有。

选项C错误，占有人返还原物的请求权，自侵占发生之日起1年内未行使的，该请求权消灭。

选项E错误，占有是指占有人对不动产或者动产的实际控制。

第三节 建设工程知识产权制度

考点 1 著作权

1.【答案】D

【解析】法人或者非法人组织的作品、著作权（署名权除外）由法人或者非法人组织享有的职务作品，其发表权、使用权和获得报酬权的保护期为50年，截止于作品首次发表后第50年的12月31日，但作品自创作完成后50年内未发表的，不再受《著作权法》保护。

2.【答案】B

【解析】选项A错误，著作权的主体是指从事文学、艺术、科学等领域创作的作者及其他享有著作权的自然人、法人或者非法人组织。在特定情况下，国家也可以成为著作权的主体。

选项C错误，一般情况下，职务作品的著作权由作者享有，但法人或者非法人组织有权在其业务范围内优先使用。有下列情形之一的职务作品，作者享有署名权，著作权的其他权利由法人或者非法人组织享有，法人或者非法人组织可以给予作者奖励：

(1) 主要是利用法人或者非法人组织的物质技术条件创作，并由法人或者非法人组织承担责任的工程设计图、产品设计图、地图、示意图、计算机软件等职务作品。

(2) 报社、期刊社、通讯社、广播电台、电视台的工作人员创作的职务作品。

(3) 法律、行政法规规定或者合同约定著作权由法人或者其他非法人组织享有的职务作品。

选项D错误，受委托创作的作品，著作权的归属由委托人和受托人通过合同约定。合同未作明确约定或者没有订立合同的，著作权属于受托人。

3.【答案】C

【解析】选项A错误，在建设工程活动中，有许多作品属于单位作品。由法人或者非法人组织主持，代表法人或者非法人组织意志创作，并由法人或者非法人组织承担责任的作品，法人或者非法人组织视为作者。如招标文件、投标文件，往往就是单位作品。单位作品的著作权完全归单位所有。

选项B、D错误，著作权的保护期由于权利内容以及主体的不同而有所不同：

(1) 作者的署名权、修改权、保护作品完整权的保护期不受限制。

(2) 自然人的作品，其发表权、使用权和获得报酬权的保护期，截止于作者死亡后第50年的12月31日。如果是合作作品，截止于最后死亡的作者死亡后第50年的12月31日。

(3) 法人或者非法人组织的作品、著作权（署名权除外）由法人或者非法人组织享有的职务作品，其发表权、使用权和获得报酬权的保护期为50年，截止于作品首次发表后第50年的12月31日，但作品自创作完成后50年内未发表的，不再受《著作权法》保护。

选项C正确，自然人的软件著作权，保护期为自然人终生及其死亡后50年，截止于自然人死亡后第50年的12月31日；软件是合作开发的，截止于最后死亡的自然人死亡后第50年的12月31日。

考点 2 专利权

1.【答案】A

【解析】发明专利权的期限为20年，自申请日起计算。

2.【答案】C

【解析】我国《专利法》保护的是发明创造专利权，并规定发明创造是指发明、实用新型和外观设计。授予专利权的发明和实用新型，应当具备新颖性、创造性和实用性。授予专利权的外观设计，除了新颖性外，还应当具备富有美感和适于工业应用两个条件。

考点 3 商标权

1.【答案】B

【解析】注册商标的有效期为10年，自核准注册之日起计算。

2.【答案】ACD

【解析】根据《商标法》规定，注册商标有效期满，需要继续使用的，应当在期满前12个月内申请续展注册；在此期间未能提出申请的，可以给予6个月的宽展期。宽展期满仍未提出申请的，注销其注册商标。每次续展注册的有效期为10年。

第四节 建设工程侵权责任制度

考点 1 侵权责任主体和损害赔偿

【答案】D

【解析】我国侵权行为的归责原则为：

(1) 过错责任原则，是指行为人因过错侵害他人民事权益造成损害的，应当承担侵权责任。

(2) 无过错责任原则，是指行为人造成他人民事权益损害，不论行为人有无过错，法律规定应当承担侵权责任的，依照其规定。

(3) 过错推定责任，是指一旦行为人的行为致人损害就推定其主观上有过错除非其能证明自己没有过错，否则应承担民事责任。

(4) 公平责任原则，是指损害双方的当事人对损害结果的发生都没有过错，但如果受害人的损失得不到补偿又显失公平的情况下，由人民法院根据具体情况和公平的观念，要求当事人分担损害后果。

考点 2 产品责任

1.【答案】D

【解析】选项A、B错误，因产品存在缺陷造成他人损害的，被侵权人可以向产品的生产者请求赔偿，也可以向产品的销售者请求赔偿。

选项C错误，产品缺陷由生产者造成的，销售者赔偿后，有权向生产者追偿。

选项D正确，因运输者、仓储者等第三人

的过错使产品存在缺陷，造成他人损害的，产品的生产者、销售者赔偿后，有权向第三人追偿。

2.【答案】ABCE

【解析】选项A正确，因产品存在缺陷造成他人损害的，生产者应当承担侵权责任。

选项B正确，因产品存在缺陷造成他人损害的，被侵权人可以向产品的生产者请求赔偿，也可以向产品的销售者请求赔偿。产品缺陷由生产者造成的，销售者赔偿后，有权向生产者追偿。因销售者的过错使产品存在缺陷的，生产者赔偿后，有权向销售者追偿。

选项C正确，因运输者、仓储者等第三人的过错使产品存在缺陷，造成他人损害的，产品的生产者、销售者赔偿后，有权向第三人追偿。

选项D错误，产品投入流通后发现存在缺陷的，生产者、销售者应当及时采取停止销售、警示、召回等补救措施；未及时采取补救措施或者补救措施不力造成损害扩大的，对扩大的损害也应当承担侵权责任。

选项E正确，侵权行为危及他人人身、财产安全的，被侵权人有权请求侵权人承担停止侵害、排除妨碍、消除危险等侵权责任。如侵权行为是因产品缺陷导致，则侵权人为生产者、销售者。

考点 3　建筑物和物件损害责任

1.【答案】C

【解析】《民法典》规定，建筑物、构筑物或者其他设施倒塌、塌陷造成他人损害的，由建设单位与施工单位承担连带责任，但是建设单位与施工单位能够证明不存在质量缺陷的除外。

2.【答案】D

【解析】从建筑物中抛掷物品或者从建筑物上坠落的物品造成他人损害的，由侵权人依法承担侵权责任（选项A、B错误）；经调查难以确定具体侵权人的，除能够证明自己不是侵权人的外，由可能加害的建筑物使用人给予补偿（选项C错误、选项D正确）。可能加害的建筑物使用人补偿后，有权向侵权人追偿。物业服务企业等建筑物管理人应当采取必要的安全保障措施防止上述情形的发生；未采取必要的安全保障措施的，应当依法承担未履行安全保障义务的侵权责任。发生上述规定的情形的，公安等机关应当依法及时调查，查清责任人。

第五节　建设工程税收制度

考点 1　企业增值税

1.【答案】D

【解析】选项A错误，纳税人兼营不同税率的项目，应当分别核算不同税率项目的销售额；未分别核算销售额的，从高适用税率。

选项B错误，小规模纳税人发生应税销售行为，实行按照销售额和征收率计算应纳税额的简易办法，并不得抵扣进项税额。

选项C错误，当期销项税额小于当期进项税额不足抵扣时，其不足部分可以结转下期继续抵扣。

2.【答案】ADE

【解析】销售服务是指提供交通运输服务、邮政服务、电信服务、建筑服务（选项E正确）、金融服务、现代服务、生活服务。选项A、D正确，提供贷款服务属于金融服务，将房屋出租属于现代服务。选项B错误，销售房地产按"销售不动产"征收增值税，选项C错误，提供建工、修理修配劳务按照"提供加工和修理修配服务"征收增值税。

考点 2　环境保护税

1.【答案】B

【解析】应税污染物的计税依据，按照下列方法确定：

（1）应税大气污染物按照污染物排放量折合的污染当量数确定，选项A错误。

(2) 应税水污染物按照污染物排放量折合的污染当量数确定。
(3) 应税固体废物按照固体废物的排放量确定，选项C错误。
(4) 应税噪声按照超过国家规定标准的分贝数确定，选项D错误。

2. 【答案】AC
【解析】纳税人是指在中华人民共和国领域和中华人民共和国管辖的其他海域，直接向环境排放应税污染物的企业事业单位和其他生产经营者为环境保护税的纳税人。
下列情形暂于免征环境保护税：
(1) 农业生产（不包括规模化养殖）排放应税污染物的。
(2) 机动车、铁路机车、非道路移动机械、船舶和航空器等流动污染源排放应税污染物的。
(3) 依法设立的城乡污水集中处理、生活垃圾集中处理场所排放相应应税污染物，不超过国家和地方规定的排放标准的。
(4) 纳税人综合利用的固体废物，符合国家、地方环境保护标准的。
(5) 国务院批准免税的其他情况。

第六节　建设工程行政法律制度

考点 1　行政法的特征和基本原则

1. 【答案】ABDE
【解析】一般认为，行政法有以下基本原则：
(1) 依法行政原则。
(2) 行政合理性原则。
(3) 程序正当原则。
(4) 诚信原则。
(5) 高效便民原则。
(6) 监督与救济原则。
选项C为混淆项。

2. 【答案】B
【解析】选项A错误，行政合理性的基本内涵包括比例原则和平等对待两个方面。
选项C、D错误，在行政法中，诚实守信意味着：
(1) 行政主体不得为了自身的利益欺骗行政相对人，不得"钓鱼执法"和"养鱼执法"，违反法律、法规、政策的初衷和目的。
(2) 政府在制定法律、政策、决定和作出承诺前，必须充分考虑各种复杂的情形，听取多方意见，在慎重考虑的基础上作出决定。
(3) 行政主体必须依法行政，不得任意反悔。
(4) 法律规范应具有稳定性与不可溯及性。
(5) 行政活动应具有真实性与确定性。

考点 2　行政许可

【答案】AB
【解析】下列事项可以设定行政许可：
(1) 直接涉及国家安全、公共安全、经济宏观调控、生态环境保护以及直接关系人身健康、生命财产安全等特定活动，需要按照法定条件予以批准的事项。
(2) 有限自然资源开发利用、公共资源配置以及直接关系公共利益的特定行业的市场准入等，需要赋予特定权利的事项。
(3) 提供公众服务并且直接关系公共利益的职业、行业，需要确定具备特殊信誉、特殊条件或者特殊技能等资格、资质的事项。
(4) 直接关系公共安全、人身健康、生命财产安全的重要设备、设施、产品、物品，需要按照技术标准、技术规范，通过检验、检测、检疫等方式进行审定的事项。
(5) 企业或者其他组织的设立等，需要确定主体资格的事项。
(6) 法律、行政法规规定可以设定行政许可的其他事项。
以上所列事项，通过下列方式能够予以规范的，可以不设行政许可：
(1) 公民、法人或者其他组织能够自主决定的。
(2) 市场竞争机制能够有效调节的。
(3) 行业组织或者中介机构能够自律管

理的。

（4）行政机关采用事后监督等其他行政管理方式能够解决的。

考点 3　行政处罚

1.【答案】AB

【解析】行政处罚的种类包括：
（1）警告、通报批评。
（2）罚款、没收违法所得、没收非法财物。
（3）暂扣许可证件、降低资质等级、吊销许可证件。
（4）限制开展生产经营活动、责令停产停业、责令关闭、限制从业。
（5）行政拘留。
（6）法律、行政法规规定的其他行政处罚。

2.【答案】ACE

【解析】行政处罚的种类：
（1）警告、通报批评。
（2）罚款、没收违法所得、没收非法财物。
（3）暂扣许可证件、降低资质等级、吊销许可证件。
（4）限制开展生产经营活动、责令停产停业、责令关闭、限制从业。
（5）行政拘留。
（6）法律、行政法规规定的其他行政处罚。

考点 4　行政强制

1.【答案】DE

【解析】行政强制措施包括：
（1）限制公民人身自由。
（2）查封场所、设施或者财物。
（3）扣押财物。
（4）冻结存款、汇款。
（5）其他行政强制措施。

2.【答案】AE

【解析】行政强制措施包括：
（1）限制公民人身自由。
（2）查封场所、设施或者财物。
（3）扣押财物。
（4）冻结存款、汇款。
（5）其他行政强制措施。

行政法规可以设定除限制公民人身自由、冻结存款和汇款，以及应当由法律规定的行政强制措施以外的其他行政强制措施。

第七节　建设工程刑事法律制度

考点 1　刑法的特征和基本原则

【答案】B

【解析】刑法保护的是所有受到犯罪侵害的社会关系，这些社会关系涉及社会生活的各个方面，具有普遍性。

考点 2　犯罪概念、犯罪构成、刑罚种类和刑罚裁量

1.【答案】C

【解析】刑罚分为主刑和附加刑。主刑包括管制、拘役、有期徒刑、无期徒刑、死刑。附加刑包括罚金、剥夺政治权利、没收财产。对于犯罪的外国人可以独立适用或附加适用驱逐出境。

2.【答案】C

【解析】被判处管制、拘役、有期徒刑、无期徒刑的犯罪分子，在执行期间，如果认真遵守监规，接受教育改造，确有悔改表现的，或者有立功表现的，可以减刑。
有下列重大立功表现之一的，应当减刑：
（1）阻止他人重大犯罪活动的。
（2）检举监狱内外重大犯罪活动，经查证属实的。
（3）有发明创造或者重大技术革新的。
（4）在日常生产、生活中舍己救人的。
（5）在抗御自然灾害或者排除重大事故中，有突出表现的。
（6）对国家和社会有其他重大贡献的。

考点 3　建设工程常见犯罪行为及罪名

1.【答案】B

【解析】重大责任事故罪：《刑法》第134条规定，在生产、作业中违反有关安全管理的规定，因而发生重大伤亡事故或者造成其他

严重后果的，处 3 年以下有期徒刑或者拘役；情节特别恶劣的，处 3 年以上 7 年以下有期徒刑。强令他人违章冒险作业，或者明知存在重大事故隐患而不排除，因而发生重大伤亡事故或者造成其他严重后果的，处 5 年以下有期徒刑或者拘役；情节特别恶劣的，处 5 年以上有期徒刑。

2.【答案】B

【解析】《刑法》第 135 条规定，安全生产设施或者安全生产条件不符合国家规定，因而发生重大伤亡事故或者造成其他严重后果的，对直接负责的主管人员和其他直接责任人员，处 3 年以下有期徒刑或者拘役；情节特别恶劣的，处 3 年以上 7 年以下有期徒刑。该施工企业的行为构成重大劳动安全事故罪。

3.【答案】C

【解析】《刑法》第 223 条规定，投标人相互串通投标报价，损害招标人或者其他投标人利益，情节严重的，处 3 年以下有期徒刑或者拘役，并处或者单处罚金。投标人与招标人串通投标，损害国家、集体、公民的合法利益的，依照以上规定处罚。

第二章 建筑市场主体制度

第一节 建筑市场主体的一般规定

考点 1 自然人、法人和非法人组织

1. 【答案】D
   【解析】根据《民法典》的规定,法人是具有民事权利能力和民事行为能力,依法独立享有民事权利和承担民事义务的组织。

2. 【答案】ACD
   【解析】法人应当具备的条件:
   (1) 法人应当依法成立。法人应当有自己的名称、组织机构、住所、财产或者经费。
   (2) 能够独立承担民事责任。
   (3) 有法定代表人。

3. 【答案】B
   【解析】法人分为营利法人、非营利法人和特别法人。

4. 【答案】C
   【解析】选项A、B属于非营利法人;选项D属于营利法人。机关法人、农村集体经济组织、城镇农村的合作经济组织、基层群众性自治组织属于特别法人。

5. 【答案】BCE
   【解析】选项A、D错误,由于项目经理部不具备独立的法人资格,无法独立承担民事责任。所以,项目经理部行为的法律后果将由企业法人承担。

6. 【答案】D
   【解析】项目经理部不具备法人资格,而是施工企业根据建设工程施工项目而组建的非常设的下属机构。

7. 【答案】C
   【解析】选项A、B错误,项目经理部不具备法人资格,而是施工企业根据建设工程施工项目而组建的非常设的下属机构。
   选项C正确,选项D错误,项目经理根据企业法人的授权,组织和领导本项目经理部的工作。由于项目经理部不具备独立的法人资格,无法独立承担民事责任。所以,项目经理部行为的法律后果将由企业法人承担。

8. 【答案】B
   【解析】选项A错误、选项B正确,项目经理是法人授权的项目管理者,是岗位职务,不一定是法定代表人。
   选项C、D错误,项目经理部是施工企业为完成某项施工任务而设立的组织,由项目经理以及管理人员组成,是一次性的具有弹性的现场生产组织机构,不是法人。项目经理部行为的法律后果由企业法人承担。

9. 【答案】B
   【解析】由于项目经理部不具备独立的法人资格,无法独立承担民事责任。所以,项目经理部行为的法律后果将由企业法人承担。故选项B正确。

考点 2 代理的法律特征和主要种类

1. 【答案】A
   【解析】代理的法律特征如下:
   (1) 代理人必须在代理权限范围内实施代理行为,选项B错误。
   (2) 代理人一般应该以被代理人的名义实施代理行为,选项D错误。
   (3) 代理行为必须是具有法律意义的行为。代理人为被代理人实施的是能够产生法律上的权利义务关系。
   (4) 代理行为的法律后果归属于被代理人。被代理人对代理人的代理行为承担民事责任,选项C错误。

2. 【答案】AD
   【解析】我国《民法典》规定,根据代理权产生的不同,把代理划分为委托代理和法定代理。

考点 3　建设工程代理行为的设立和终止

1. 【答案】ABE

   【解析】《民事诉讼法》规定，下列人员可以被委托为诉讼代理人：

   (1) 律师、基层法律服务工作者。

   (2) 当事人的近亲属或者工作人员。

   (3) 当事人所在社区、单位以及有关社会团体推荐的公民。

   选项D具有迷惑性，应为"近亲属"。

2. 【答案】ACD

   【解析】书面委托代理的授权委托书应当载明代理人的姓名或者名称、代理事项、权限和期限，并由委托人签名或者盖章。

3. 【答案】C

   【解析】《民法典》规定，有下列情形之一的，委托代理终止：

   (1) 代理期间届满或者代理事务完成。

   (2) 被代理人取消委托或者代理人辞去委托。

   (3) 代理人丧失民事行为能力。

   (4) 代理人或者被代理人死亡。

   (5) 作为被代理人或者代理人的法人、非法人组织终止。

4. 【答案】ABCE

   【解析】《民法典》规定，有下列情形之一的，委托代理终止：

   (1) 代理期间届满或者代理事务完成。

   (2) 被代理人取消委托或者代理人辞去委托。

   (3) 代理人丧失民事行为能力。

   (4) 代理人或者被代理人死亡。

   (5) 作为被代理人或者代理人的法人、非法人组织终止。

考点 4　转代理、无权代理和表见代理

1. 【答案】D

   【解析】事件是在"急需"和"赶时间"的紧急情况下发生的转代理行为，此时可以不经过被代理人的同意，而且行为后果由被代理人承担。因此，小张的代理行为有效，老李应当承认该购买合同。

2. 【答案】B

   【解析】选项B错误，表见代理是指行为人虽无权代理，但由于行为人的某些行为，造成了足以使善意相对人相信其有代理权的表象，而与善意相对人进行的、由本人承担法律后果的代理行为。无权代理区别于表见代理。

3. 【答案】D

   【解析】王某实质上无代理权，但是却有使第三人相信其有代理权的表象，因此构成表见代理。在表见代理中，本人受表见代理人与相对人之间实施的法律行为的约束，签订的合同有效，选项D正确。

第二节　建筑业企业资质制度

考点 1　建筑业企业资质条件和等级

1. 【答案】D

   【解析】企业净资产是指企业的资产总额减去负债以后的净额。净资产是属于企业所有并可以自由支配的资产，即所有者权益。相对于注册资本而言，它能够更准确地体现企业的经济实力。

2. 【答案】C

   【解析】《建设工程企业资质管理制度改革方案》将10类施工总承包企业特级资质调整为施工综合资质，可承担各行业、各等级施工总承包业务（选项A错误）；保留12类施工总承包资质，将民航工程的专业承包资质整合为施工总承包资质；将36类专业承包资质整合为18类；将施工劳务企业资质改为专业作业资质，由审批制改为备案制（选项C正确）。综合资质和专业作业资质不分等级；施工总承包资质、专业承包资质等级原则上压减为甲、乙两级（部分专业承包资质不分等级），其中，施工总承包甲级资质在本行业内承揽业务规模不受限制（选项B、D错误）。

考点 2 建筑业企业资质的延续和变更

1. 【答案】D

【解析】选项A错误，资质许可机关应当在建筑业企业资质证书有效期届满前作出是否准予延续的决定；逾期未作出决定的，视为准予延续。

选项B错误，企业发生合并、分立、重组以及改制等事项，需承继原建筑业企业资质的，应当申请重新核定建筑业企业资质等级，而非直接承继原企业的资质等级。

选项C错误，资质证书有效期届满，未依法申请延续的，应当注销。

2. 【答案】D

【解析】选项A错误，首次或增项申请均应申请最低等级资质。

选项B错误，企业发生合并、分立、重组以及改制等事项，需承继原建筑业企业资质的，应当申请重新核定建筑业企业资质等级。

选项C错误，被撤回建筑业企业资质证书的企业，可以在资质被撤回后3个月内，向资质许可机关提出核定低于原等级同类别资质的申请。

选项D正确，建筑业企业资质证书有效期届满向原资质许可机关提出延续申请，资质许可机关应当在建筑业企业资质证书有效期届满前作出是否准予延续的决定；逾期未作出决定的，视为准予延续。

3. 【答案】B

【解析】《建筑业企业资质管理规定》中规定，资质证书有效期为5年。

4. 【答案】B

【解析】选项A为撤销建筑业企业资质的情形；选项C为撤回建筑业企业资质的情形；选项D为资质许可机关不予批准建筑业企业资质升级申请和增项申请的情形。

考点 3 禁止无资质、越级、以他企业名义承揽工程的规定

1. 【答案】A

【解析】分包工程发包人没有将其承包的工程进行分包，在施工现场所设项目管理机构的项目负责人、技术负责人、项目核算负责人、质量管理人员、安全管理人员不是工程承包人本单位人员的，视同允许他人以本企业名义承揽工程。因此，丙公司的行为视同用其他建筑企业的名义承揽工程。

2. 【答案】C

【解析】选项C符合规定，《建设工程质量管理条例》规定，施工单位应当依法取得相应等级的资质证书，并在其资质等级许可的范围内承揽工程。

选项A、B、D不符合规定，《建设工程质量管理条例》规定，禁止施工单位超越本单位资质等级许可的业务范围或者以其他施工单位的名义承揽工程。禁止施工单位允许其他单位或者个人以本单位的名义承揽工程。

第三节 建造师注册执业制度

考点 1 建造师注册、受聘和执业范围

1. 【答案】A

【解析】《注册建造师管理规定》中规定，在注册有效期内，注册建造师变更执业单位，应当与原聘用单位解除劳动关系，并按照规定办理变更注册手续，变更注册后仍延续原注册有效期。注册证书与执业印章有效期为3年。

2. 【答案】C

【解析】注册证书与执业印章有效期为3年，注册有效期满需继续执业的，应当在注册有效期届满30日前，按照规定申请延续注册。

3. 【答案】B

【解析】《注册建造师管理规定》中规定，申请人有下列情形之一的，不予注册：

(1) 不具有完全民事行为能力的。

(2) 申请在两个或者两个以上单位注册的。

(3) 未达到注册建造师继续教育要求的。

(4) 受到刑事处罚，刑事处罚尚未执行完毕的。

(5) 因执业活动受到刑事处罚，自刑事处

执行完毕之日起至申请注册之日止不满5年的。

(6) 因前项规定以外的原因受到刑事处罚，自处罚决定之日起至申请注册之日止不满3年的。

(7) 被吊销注册证书，自处罚决定之日起至申请注册之日止不满2年的。

(8) 在申请注册之日前3年内担任项目经理期间，所负责项目发生过重大质量和安全事故的。

(9) 申请人的聘用单位不符合注册单位要求的。

(10) 年龄超过65周岁的。

(11) 法律、法规规定不予注册的其他情形。

4. 【答案】A

【解析】注册建造师不得同时担任两个及以上建设工程施工项目负责人。发生下列情形之一的除外：

(1) 同一工程相邻分段发包或分期施工的。

(2) 合同约定的工程验收合格的。

(3) 因非承包方原因致使工程项目停工超过120天（含），经建设单位同意的。

5. 【答案】B

【解析】注册建造师担任施工项目负责人期间原则上不得更换。如发生下列情形之一的，应当办理书面交接手续后更换施工项目负责人：

(1) 发包方与注册建造师受聘企业已解除承包合同的。

(2) 发包方同意更换项目负责人的。

(3) 因不可抗力等特殊情况必须更换项目负责人的。

注册建造师担任施工项目负责人，在其承建的建设工程项目竣工验收或移交项目手续办结前，除以上规定的情形外，不得变更注册至另一企业。

考点 2　建造师基本权利和义务

1. 【答案】ABD

【解析】《注册建造师管理规定》规定，注册建造师享有下列权利：

(1) 使用注册建造师名称。

(2) 在规定范围内从事执业活动。

(3) 在本人执业活动中形成的文件上签字并加盖执业印章。

(4) 保管和使用本人注册证书、执业印章。

(5) 对本人执业活动进行解释和辩护。

(6) 接受继续教育。

(7) 获得相应的劳动报酬。

(8) 对侵犯本人权利的行为进行申述。

2. 【答案】D

【解析】《注册建造师管理规定》规定，注册建造师享有下列权利：

(1) 使用注册建造师名称。

(2) 在规定范围内从事执业活动。

(3) 在本人执业活动中形成的文件上签字并加盖执业印章。

(4) 保管和使用本人注册证书、执业印章。

(5) 对本人执业活动进行解释和辩护。

(6) 接受继续教育。

(7) 获得相应的劳动报酬。

(8) 对侵犯本人权利的行为进行申述。

3. 【答案】C

【解析】《注册建造师管理规定》规定，注册建造师应当履行下列义务：

(1) 遵守法律、法规和有关管理规定，恪守职业道德。

(2) 执行技术标准、规范和规程。

(3) 保证执业成果的质量，并承担相应责任。

(4) 接受继续教育，努力提高执业水准。

(5) 保守在执业中知悉的国家秘密和他人的商业、技术等秘密。

(6) 与当事人有利害关系的，应当主动回避。

(7) 协助注册管理机关完成相关工作。

4. 【答案】CE

【解析】《注册建造师管理规定》规定，注册建造师应当履行下列义务：

(1) 遵守法律、法规和有关管理规定，恪守职业道德。

（2）执行技术标准、规范和规程。

（3）保证执业成果的质量，并承担相应责任。

（4）接受继续教育，努力提高执业水准。

（5）保守在执业中知悉的国家秘密和他人的商业、技术等秘密。

（6）与当事人有利害关系的，应当主动回避。

（7）协助注册管理机关完成相关工作。

5.【答案】ABCE

【解析】《注册建造师管理规定》规定，有下列情形之一的，注册机关依据职权或者根据利害关系人的请求，可以撤销注册建造师的注册：

（1）注册机关工作人员滥用职权、玩忽职守作出准予注册许可的。

（2）超越法定职权作出准予注册许可的。

（3）违反法定程序作出准予注册许可的。

（4）对不符合法定条件的申请人颁发注册证书和执业印章的。

（5）依法可以撤销注册的其他情形。

申请人以欺骗、贿赂等不正当手段获准注册的，应当予以撤销。

第四节 建筑市场主体信用体系建设

考点 1 建筑市场各方主体信用信息分类

1.【答案】A

【解析】选项A正确，信用信息是指建筑市场各方主体在工程建设活动中违反有关法律、法规、规章或工程建设强制性标准，受到县级以上住房城乡建设主管部门行政处罚的信息，以及经有关部门认定的其他不良信用信息。

选项B、C错误，优良信用信息是指建筑市场各方主体在工程建设活动中获得的县级以上行政机关表彰奖励等信息。注册登记信息、资质信息、工程项目信息属于建筑市场诚信行为信息中的基本信息。

选项D错误，建筑市场信用信息由基本信息、优良信用信息、不良信用信息构成。

2.【答案】B

【解析】建筑市场各方主体的信用信息公开期限为：

（1）基本信息长期公开。

（2）优良信用信息公开期限一般为3年。

（3）不良信用信息公开期限一般为6个月至3年，并不得低于相关行政处罚期限。具体公开期限由不良信用信息的认定部门确定。

考点 2 建筑市场各方主体信用信息公开和应用

【答案】A

【解析】县级以上住房城乡建设主管部门按照"谁处罚、谁列入"的原则，将存在下列情形的建筑市场各方主体，列入建筑市场主体"黑名单"：

（1）利用虚假材料、以欺骗手段取得企业资质的。

（2）发生转包、出借资质，受到行政处罚的。

（3）发生重大及以上工程质量安全事故，或1年内累计发生2次及以上较大工程质量安全事故，或发生性质恶劣、危害性严重、社会影响大的较大工程质量安全事故，受到行政处罚的。

（4）经法院判决或仲裁机构裁决，认定为拖欠工程款，且拒不履行生效法律文书确定的义务的。

考点 3 建筑市场各方主体不良行为记录认定标准

1.【答案】BCD

【解析】施工单位资质不良行为的认定标准：

（1）未取得资质证书承揽工程的，或超越本单位资质等级承揽工程的。

（2）以欺骗手段取得资质证书承揽工程的。

（3）允许其他单位或个人以本单位名义承揽工程的。

（4）未在规定期限内办理资质变更手续的。

(5) 涂改、伪造、出借、转让《建筑业企业资质证书》的。
(6) 按照国家规定需要持证上岗的技术工种的作业人员未经培训、考核，未取得证书上岗，情节严重的。

2. 【答案】B
【解析】建筑市场施工单位不良行为记录认定标准分为5大类。选项A、C属于承揽业务不良行为；选项B属于资质不良行为；选项D属于工程安全不良行为。

3. 【答案】C
【解析】承揽业务不良行为认定标准：
(1) 利用向发包单位及其工作人员行贿、提供回扣或者给予其他好处等不正当手段承揽业务的。
(2) 相互串通投标或与招标人串通投标的，以向招标人或评标委员会成员行贿的手段谋取中标的。
(3) 以他人名义投标或以其他方式弄虚作假，骗取中标的。
(4) 不按照与招标人订立的合同履行义务，情节严重的。
(5) 将承包的工程转包或违法分包的。
选项A属于资质不良行为；选项B、D是属于工程质量不良行为。

4. 【答案】A
【解析】按照《全国建筑市场各方主体不良行为记录认定标准》，承揽业务不良行为认定标准包括：
(1) 利用向发包单位及其工作人员行贿、提供回扣或者给予其他好处等不正当手段承揽业务的。
(2) 相互串通投标或与招标人串通投标的，以向招标人或评标委员会成员行贿的手段谋取中标的。
(3) 以他人名义投标或以其他方式弄虚作假，骗取中标的。
(4) 不按照与投标人订立的合同履行义务，情节严重的。
(5) 将承包的工程转包或违法分包的。

选项B属于工程质量不良行为；选项C属于资质不良行为；选项D属于拖欠工程款或工人工资不良行为。

5. 【答案】A
【解析】按照《全国建筑市场各方主体不良行为记录认定标准》，选项B属于工程质量不良行为；选项C属于拖欠工程款或工人工资不良行为；选项D属于资质不良行为。

6. 【答案】ABC
【解析】工程质量不良行为的认定标准：
(1) 在施工中偷工减料的，使用不合格建筑材料、建筑构配件和设备的，或者有不按照工程设计图纸或施工技术标准施工的其他行为的。
(2) 未按照节能设计进行施工的。
(3) 未对建筑材料、建筑构配件、设备和商品混凝土进行检测，或未对涉及结构安全的试块、试件以及有关材料取样检测的。
(4) 工程竣工验收后，不向建设单位出具质量保修书的，或质量保修的内容、期限违反规定的。
(5) 不履行保修义务或者拖延履行保修义务的。
选项D属于工程安全不良行为；选项E属于承揽业务不良行为。

7. 【答案】B
【解析】工程质量不良行为认定标准：
(1) 在施工中偷工减料的，使用不合格建筑材料、建筑构配件和设备的，或者有不按照工程设计图纸或施工技术标准施工的其他行为的。
(2) 未按照节能设计进行施工的。
(3) 未对建筑材料、建筑构配件、设备和商品混凝土进行检测，或未对涉及结构安全的试块、试件以及有关材料取样检测的。
(4) 工程竣工验收后，不向建设单位出具质量保修书的，或质量保修的内容、期限违反规定的。
(5) 不履行保修义务或者拖延履行保修义务的。
选项A、C、D均属于承揽业务不良行为。

8. 【答案】DE

【解析】工程质量不良行为的认定标准：
(1) 在施工中偷工减料的，使用不合格建筑材料、建筑构配件和设备的，或者有不按照工程设计图纸或施工技术标准施工的其他行为的。
(2) 未按照节能设计进行施工的。
(3) 未对建筑材料、建筑构配件、设备和商品混凝土进行检测，或未对涉及结构安全的试块、试件以及有关材料取样检测的。
(4) 工程竣工验收后，不向建设单位出具质量保修书的，或质量保修的内容、期限违反规定的。
(5) 不履行保修义务或者拖延履行保修义务的。

选项A属于资质不良行为；选项B属于承揽业务不良行为；选项C属于工程安全不良行为。

【名师点拨】考生应当注意五大类不良行为之间的区别。

9. 【答案】C

【解析】承揽业务不良行为认定标准：
(1) 利用向发包单位及其工作人员行贿、提供回扣或者给予其他好处等不正当手段承揽业务的。
(2) 相互串通投标或与招标人串通投标，以向招标人或评标委员会成员行贿的手段谋取中标的。
(3) 以他人名义投标或以其他方式弄虚作假，骗取中标的。
(4) 不按照与招标人订立的合同履行义务，情节严重的。
(5) 将承包的工程转包或违法分包的。

选项A、B、D均属于资质不良行为。

第五节　营商环境制度

考点 1　营商环境优化

【答案】B

【解析】选项A错误，应为"设置超过项目实际需要的企业注册资本、资产总额、净资产规模、营业收入、利润、授信额度等财务指标"。

选项C错误，应为"将国家已经明令取消的资质资格作为投标条件、加分条件、中标条件；在国家已经明令取消资质资格的领域，将其他资质资格作为投标条件、加分条件、中标条件"。

选项D错误，在开标环节要求投标人的法定代表人必须到场，不接受经授权委托的投标人代表到场。

考点 2　中小企业款项支付保障

【答案】A

【解析】选项B错误，付款期限最长不得超过60日。

选项C错误，机关、事业单位从中小企业采购货物、工程、服务，应当自货物、工程、服务交付之日起30日内支付款项。

选项D错误，机关、事业单位和大型企业拖延检验或者验收的，付款期限自约定的检验或者验收期限届满之日起算。

第三章 建设工程许可法律制度

第一节 建设工程规划许可

考点 1 规划许可证的申请

1.【答案】C

【解析】选项C错误，在城市、镇规划区内进行临时建设的，应当经城市、县人民政府城乡规划主管部门批准。

2.【答案】C

【解析】选项A、B错误，在城市、镇规划区内进行临时建设的，应当经城市、县人民政府城乡规划主管部门批准；临时建设影响近期建设规划或者控制性详细规划的实施以及交通、市容、安全等的，不得批准。

选项D错误，临时建设应当在批准的使用期限内自行拆除。

3.【答案】ABC

【解析】申请办理建设工程规划许可证，应当提交使用土地的有关证明文件、建设工程设计方案等材料。需要建设单位编制修建性详细规划的建设项目，还应当提交修建性详细规划。

考点 2 规划条件的变更

1.【答案】BCE

【解析】选项A错误、选项B正确，建设单位应当按照规划条件进行建设，确需变更的，必须向城市、县人民政府城乡规划主管部门提出申请。

选项C正确，变更内容不符合控制性详细规划的，城乡规划主管部门不得批准。

选项D错误，城市、县人民政府城乡规划主管部门应当及时将依法变更后的规划条件通报同级土地主管部门并公示。

选项E正确，建设单位应当及时将依法变更后的规划条件报有关人民政府土地主管部门备案。

2.【答案】B

【解析】城市规划区内：对符合控制性详细规划和规划条件的，由城市、县人民政府城乡规划主管部门或者省、自治区、直辖市人民政府确定的镇人民政府核发建设工程规划许可证。

第二节 建设工程施工许可

考点 1 开工报告的适用范围

【答案】ABD

【解析】开工报告的适用范围：

(1) 国家审批的大中型项目。

(2) 地方审批的大中型项目、大型技改项目。

(3) 大中型和限额以上项目。

(4) 重大政府投资项目。

考点 2 不需要办理施工许可证和开工报告的情形

1.【答案】CDE

【解析】不需要办理施工许可证和开工报告的情形：

(1) 作为文物保护的纪念建筑物和古建筑等的修缮。

(2) 军用房屋建筑工程建筑活动。

(3) 限额以下的小型工程。工程投资额在30万元以下或者建筑面积在300m² 以下的建筑工程，可以不申请办理施工许可证。

(4) 抢险救灾及其他临时性房屋建筑和农民自建低层住宅的建筑活动。

2.【答案】A

【解析】工程投资额在30万元以下或者建筑面积在300m² 以下的建筑工程，可以不申请办理施工许可证。

考点 3 施工许可证的申请

1.【答案】 B

【解析】根据《建筑法》，按照国家有关规定向工程所在地县级以上人民政府建设行政主管部门申请领取施工许可证的主体是建设单位。

2.【答案】 A

【解析】施工许可证的申请条件包括：
(1) 依法应当办理用地批准手续的，已经办理该建筑工程用地批准手续。
(2) 依法应当办理建设工程规划许可证的，已经取得建设工程规划许可证。
(3) 施工场地已经基本具备施工条件，需要征收房屋的，其进度符合施工要求。
(4) 已经确定施工企业。
(5) 有满足施工需要的资金安排、施工图纸及技术资料，建设单位应当提供建设资金已经落实承诺书，施工图设计文件已按规定审查合格。
(6) 有保证工程质量和安全的具体措施。

考点 4 延期开工、核验和重新办理批准

1.【答案】 C

【解析】建设单位应当自领取施工许可证之日起3个月内开工。因故不能按期开工的，应当向发证机关申请延期；延期以两次为限，每次不超过3个月。既不开工又不申请延期或者超过延期时限的，施工许可证自行废止。本题中，建设单位已经超过9个月未开工，因此原施工许可证已经自行废止。开工前需要重新申领新的施工许可证。

2.【答案】 A

【解析】《建筑法》规定，建设单位应当自领取施工许可证之日起3个月内开工。因故不能按期开工的，应当向发证机关申请延期；延期以两次为限，每次不超过3个月。既不开工又不申请延期或者超过延期时限的，施工许可证自行废止。

3.【答案】 C

【解析】建筑工程恢复施工时，应当向发证机关报告；中止施工满1年的工程恢复施工前，建设单位应当报发证机关核验施工许可证。

4.【答案】 A

【解析】《建筑法》规定，在建的建筑工程因故中止施工的，建设单位应当自中止施工之日起1个月内，向发证机关报告。

5.【答案】 B

【解析】《建筑法》规定，在建的建筑工程因故中止施工的，建设单位应当自中止施工之日起1个月内，向发证机关报告，并按照规定做好建筑工程的维护管理工作。建筑工程恢复施工时，应当向发证机关报告；中止施工满1年的工程恢复施工前，建设单位应当报发证机关核验施工许可证。

6.【答案】 C

【解析】《建筑法》规定，在建的建筑工程因故中止施工的，建设单位应当自中止施工之日起1个月内，向发证机关报告，并按照规定做好建筑工程的维护管理工作。

7.【答案】 D

【解析】对于实行开工报告制度的建设工程，《建筑法》规定，按照国务院有关规定批准开工报告的建筑工程，因故不能按期开工或者中止施工的，应当及时向批准机关报告情况。因故不能按期开工超过6个月的，应重新办理开工报告的批准手续。

8.【答案】 B

【解析】选项B错误。建筑工程恢复施工时，应当向发证机关报告；中止施工满1年的工程恢复施工前，建设单位应当报发证机关核验施工许可证，因此不能自行恢复施工。

第四章 建设工程发承包法律制度

第一节 建设工程发承包的一般规定

考点 1　建设工程总承包

1.【答案】DE

【解析】工程总承包单位应当同时具有与工程规模相适应的工程设计资质和施工资质，或者由具有相应资质的设计单位和施工单位组成联合体。

2.【答案】CDE

【解析】选项 A 错误，建设单位依法采用招标或者直接发包等方式选择工程总承包单位。工程总承包项目范围内的设计、采购或者施工中，有任一项属于依法必须进行招标的项目范围且达到国家规定规模标准的，应当采用招标的方式选择工程总承包单位。

选项 B 错误、选项 C 正确，工程总承包单位应当同时具有与工程规模相适应的工程设计资质和施工资质，或者由具有相应资质的设计单位和施工单位组成联合体。

选项 D 正确，联合体各方应当共同与建设单位签订工程总承包合同，就工程总承包项目承担连带责任。

选项 E 正确，工程总承包单位不得是工程总承包项目的代建单位、项目管理单位、监理单位、造价咨询单位、招标代理单位。

3.【答案】B

【解析】选项 A 错误，政府投资项目的项目建议书、可行性研究报告、初步设计文件编制单位及其评估单位，一般不得成为该项目的工程总承包单位。

选项 B 正确，鼓励施工单位申请取得工程设计资质，具有一级及以上施工总承包资质的单位可以直接申请相应类别的工程设计甲级资质。

选项 C 错误，鼓励设计单位申请取得施工资质，已取得工程设计综合资质、行业甲级资质、建筑工程专业甲级资质的单位，可以直接申请相应类别施工总承包一级资质。

选项 D 错误，工程总承包项目经理应当具备下列条件：

(1) 取得相应工程建设类注册执业资格，包括注册建筑师、勘察设计注册工程师、注册建造师或者注册监理工程师等；未实施注册执业资格的，取得高级专业技术职称。

(2) 担任过与拟建项目相类似的工程总承包项目经理、设计项目负责人、施工项目负责人或者项目总监理工程师。

(3) 熟悉工程技术和工程总承包项目管理知识以及相关法律法规、标准规范。

(4) 具有较强的组织协调能力和良好的职业道德。

考点 2　建设工程共同承包

【答案】B

【解析】《建筑法》规定，两个以上不同资质等级的单位实行联合共同承包的，应当按照资质等级低的单位的业务许可范围承揽工程。

考点 3　建设工程分包

1.【答案】CE

【解析】根据《建筑工程施工发包与承包违法行为认定查处管理办法》的规定，存在下列情形之一的，属于违法分包：

(1) 承包单位将其承包的工程分包给个人的。

(2) 施工总承包单位或专业承包单位将工程分包给不具备相应资质单位的。

(3) 施工总承包单位将施工总承包合同范围内工程主体结构的施工分包给其他单位的，钢结构工程除外。

(4) 专业分包单位将其承包的专业工程中非

劳务作业部分再分包的。

(5) 专业作业承包人将其承包的劳务再分包的。

(6) 专业作业承包人除计取劳务作业费用外，还计取主要建筑材料款和大中型施工机械设备、主要周转材料费用的。

选项C属于挂靠；选项E属于转包。

2.【答案】B

【解析】根据《建筑工程施工发包与承包违法行为认定查处管理办法》的规定，存在下列情形之一的，属于转包：

(1) 承包单位将其承包的全部工程转给其他单位（包括母公司承接建筑工程后将所承接工程交由具有独立法人资格的子公司施工的情形）或个人施工的。

(2) 承包单位将其承包的全部工程支解以后，以分包的名义分别转给其他单位或个人施工的。

(3) 施工总承包单位或专业承包单位未派驻项目负责人、技术负责人、质量管理负责人、安全管理负责人等主要管理人员，或派驻的项目负责人、技术负责人、质量管理负责人、安全管理负责人中一人及以上与施工单位没有订立劳动合同且没有建立劳动工资和社会养老保险关系，或派驻的项目负责人未对该工程的施工活动进行组织管理，又不能进行合理解释并提供相应证明的。

(4) 合同约定由承包单位负责采购的主要建筑材料、构配件及工程设备或租赁的施工机械设备，由其他单位或个人采购、租赁，或施工单位不能提供有关采购、租赁合同及发票等证明，又不能进行合理解释并提供相应证明的。

(5) 专业作业承包人承包的范围是承包单位承包的全部工程，专业作业承包人计取的是除上缴给承包单位"管理费"之外的全部工程价款的。

(6) 承包单位通过采取合作、联营、个人承包等形式或名义，直接或变相将其承包的全部工程转给其他单位或个人施工的。

(7) 专业工程的发包单位不是该工程的施工总承包或专业承包单位的，但建设单位依约作为发包单位的除外。

(8) 专业作业的发包单位不是该工程承包单位的。

(9) 施工合同主体之间没有工程款收付关系，或者承包单位收到款项后又将款项转拨给其他单位和个人，又不能进行合理解释并提供材料证明的。前述几种情形中有证据证明属于挂靠或者其他违法行为的则以挂靠或其他违法行为认定。

选项A、D属于挂靠；选项C属于违法分包。

第二节　建设工程招标投标制度

考点 1　建设工程法定招标的范围和规模标准

1.【答案】B

【解析】建设工程必须招标的范围：

(1) 大型基础设施、公用事业等关系社会公共利益、公众安全的项目。

(2) 全部或者部分使用国有资金投资或者国家融资的项目。

(3) 使用国际组织或者外国政府贷款、援助资金的项目。

选项B不属于依法必须进行招标的范围。

2.【答案】B

【解析】根据《工程建设项目招标范围和规模标准规定》，必须招标范围的各类工程建设项目，达到下列标准之一的，必须进行招标：

(1) 施工单项合同估算价在400万元人民币以上的。

(2) 重要设备、材料等货物的采购，单项合同估算价在200万元人民币以上的。

(3) 勘察、设计、监理等服务的采购，单项合同估算价在100万元人民币以上的。

3.【答案】ABC

【解析】《招标投标法》规定，涉及国家安全、国家秘密、抢险救灾或者属于利用扶贫资金实行以工代赈、需要使用农民工等特殊情况，不适宜进行招标的项目，按照国家有关规定可以不进行招标。

4.【答案】ABCD

【解析】《招标投标法》规定，涉及国家安全、国家秘密、抢险救灾或者属于利用扶贫资金实行以工代赈、需要使用农民工等特殊情况，不适宜进行招标的项目，按照国家有关规定可以不进行招标。

《招标投标法实施条例》《工程建设项目施工招标投标办法》在《招标投标法》的基础上对可以不招标的项目进行了补充：

（1）需要采用不可替代的专利或者专有技术。

（2）采购人依法能够自行建设、生产或者提供。

（3）已通过招标方式选定的特许经营项目投资人依法能够自行建设、生产或者提供。

（4）需要向原中标人采购工程、货物或者服务，否则将影响施工或者功能配套要求。

（5）承包商、供应商或者服务提供者少于三家，不能形成有效竞争。

（6）国家规定的其他特殊情形。

考点 2　建设工程招标方式

1.【答案】DE

【解析】《招标投标法实施条例》规定，国有资金占控股或者主导地位的依法必须进行招标的项目，应当公开招标；但有下列情形之一的，可以邀请招标：

（1）技术复杂、有特殊要求或者受自然环境限制，只有少量潜在投标人可供选择。

（2）采用公开招标方式的费用占项目合同金额的比例过大。

2.【答案】BC

【解析】选项A、E错误，技术复杂、有特殊要求或者受自然环境限制，只有少量潜在投标人可供选择，可以邀请招标。选项D属于可以不进行招标的情形，不合题意。

考点 3　建设工程招标

1.【答案】AB

【解析】《招标投标法实施条例》规定，对技术复杂或者无法精确拟定技术规格的项目，招标人可以分两阶段进行招标。

2.【答案】D

【解析】对技术复杂或者无法精确拟定技术规格的项目，招标人可以分两阶段进行招标。第一阶段，投标人按照招标公告或者投标邀请书的要求提交不带报价的技术建议，招标人根据投标人提交的技术建议确定技术标准和要求，编制招标文件。第二阶段，招标人向在第一阶段提交技术建议的投标人提供招标文件，投标人按照招标文件的要求提交包括最终技术方案和投标报价的投标文件。故选项A、B错误，选项D正确。

投标人不能自行决定在任意阶段，要求投标人提交包括投标报价的投标文件。故选项C错误。

3.【答案】B

【解析】投标有效期从投标人提交投标文件截止之日起计算。

4.【答案】AC

【解析】《招标投标法实施条例》规定，招标人发售资格预审文件、招标文件收取的费用应当限于补偿印刷、邮寄的成本支出，不得以营利为目的。

5.【答案】B

【解析】投标人少于3个的，招标人应当重新招标。

考点 4　建设工程投标

1.【答案】ACDE

【解析】招标人有下列行为之一的，属于以不合理条件限制、排斥潜在投标人或者投标人：

（1）就同一招标项目向潜在投标人或者投标人提供有差别的项目信息。

（2）设定的资格、技术、商务条件与招标项目的具体特点和实际需要不相适应或者与合同履行无关。

(3) 依法必须进行招标的项目以特定行政区域或者特定行业的业绩、奖项作为加分条件或者中标条件。

(4) 对潜在投标人或者投标人采取不同的资格审查或者评标标准。

(5) 限定或者指定特定的专利、商标、品牌、原产地或者供应商。

(6) 依法必须进行招标的项目非法限定潜在投标人或者投标人的所有制形式或者组织形式。

(7) 以其他不合理条件限制、排斥潜在投标人或者投标人。

招标人不得组织单个或者部分潜在投标人踏勘项目现场。

2. 【答案】C

【解析】选项C错误，单位负责人为同一人或者存在控股、管理关系的不同单位，不得参加同一标段投标或者未划分标段的同一项目投标。

3. 【答案】C

【解析】《招标投标法》规定，国家有关规定或者招标文件对投标人资格条件有规定的，联合体各方均应当具备规定的相应资格条件。由同一专业的单位组成的联合体，按照资质等级较低的单位确定资质等级。

4. 【答案】D

【解析】选项A错误，联合体是一个临时的组织，不具有法人资格。

选项B错误，资格预审后联合体增减、更换成员的，其投标无效。

选项C错误，联合体各方在同一招标项目中以自己名义单独投标或者参加其他联合体投标的，相关投标均无效。

选项D正确，联合体各方应当共同与招标人签订招标合同，就工程总承包项目承担连带责任。

5. 【答案】D

【解析】选项A错误，联合体各方应当签订共同投标协议，明确约定各方拟承担的工作和责任，并将共同投标协议连同投标文件一并提交招标人。

选项B、C错误，对联合体各方不要求同专业或同等级。

选项D正确，《招标投标法》规定，两个以上法人或者其他组织可以组成一个联合体，以一个投标人的身份共同投标。

6. 【答案】D

【解析】投标人在招标文件要求提交投标文件的截止时间前，可以补充、修改或者撤回已提交的投标文件，并书面通知招标人。

7. 【答案】ABCD

【解析】选项A正确，依法必须进行招标的项目的境内投标单位，以现金或者支票形式提交的投标保证金应当从其基本账户转出。招标人不得挪用投标保证金。

选项B、C正确，选项E错误，招标人在招标文件中要求投标人提交投标保证金的，投标保证金不得超过招标项目估算价的2%。

选项D正确，施工、货物招标的，投标保证金最高不得超过80万元人民币。

8. 【答案】C

【解析】招标人在招标文件中要求投标人提交投标保证金的，投标保证金不得超过招标项目估算价的2%。投标保证金有效期应当与投标有效期一致。

9. 【答案】AB

【解析】有下列情形之一的，属于投标人相互串通投标：

(1) 投标人之间协商投标报价等投标文件的实质性内容。

(2) 投标人之间约定中标人。

(3) 投标人之间约定部分投标人放弃投标或者中标。

(4) 属于同一集团、协会、商会等组织成员的投标人按照该组织要求协同投标。

(5) 投标人之间为谋取中标或者排斥特定投标人而采取的其他联合行动。

10. 【答案】AD

【解析】有下列情形之一的，视为投标人相

互串通投标：

(1) 不同投标人的投标文件由同一单位或者个人编制。

(2) 不同投标人委托同一单位或者个人办理投标事宜。

(3) 不同投标人的投标文件载明的项目管理成员为同一人。

(4) 不同投标人的投标文件异常一致或者投标报价呈规律性差异。

(5) 不同投标人的投标文件相互混装。

(6) 不同投标人的投标保证金从同一单位或者个人的账户转出。

11.【答案】ADE

【解析】《招标投标法实施条例》规定，禁止招标人与投标人串通投标。有下列情形之一的，属于招标人与投标人串通投标：

(1) 招标人在开标前开启投标文件并将有关信息泄露给其他投标人。

(2) 招标人直接或者间接向投标人泄露标底、评标委员会成员等信息。

(3) 招标人明示或者暗示投标人压低或者抬高投标报价。

(4) 招标人授意投标人撤换、修改投标文件。

(5) 招标人明示或者暗示投标人为特定投标人中标提供方便。

(6) 招标人与投标人为谋求特定投标人中标而采取的其他串通行为。

12.【答案】D

【解析】《招标投标法实施条例》规定，禁止招标人与投标人串通投标。有下列情形之一的，属于招标人与投标人串通投标：

(1) 招标人在开标前开启投标文件并将有关信息泄露给其他投标人。

(2) 招标人直接或者间接向投标人泄露标底、评标委员会成员等信息。

(3) 招标人明示或者暗示投标人压低或者抬高投标报价。

(4) 招标人授意投标人撤换、修改投标文件。

(5) 招标人明示或者暗示投标人为特定投标人中标提供方便。

(6) 招标人与投标人为谋求特定投标人中标而采取的其他串通行为。

13.【答案】C

【解析】投标人有下列情形之一的，属于以其他方式弄虚作假的行为：

(1) 使用伪造、变造的许可证件。

(2) 提供虚假的财务状况或者业绩。

(3) 提供虚假的项目负责人或者主要技术人员简历、劳动关系证明。

(4) 提供虚假的信用状况。

(5) 其他弄虚作假的行为。

考点 5　建设工程开标、评标和中标

1.【答案】A

【解析】开标由招标人主持，邀请所有投标人参加。

2.【答案】D

【解析】有下列情形之一的，评标委员会应当否决其投标：

(1) 投标文件未经投标单位盖章和单位负责人签字。

(2) 投标联合体没有提交共同投标协议。

(3) 投标人不符合国家或者招标文件规定的资格条件。

(4) 同一投标人提交两个以上不同的投标文件或者投标报价，但招标文件要求提交备选投标的除外。

(5) 投标报价低于成本或者高于招标文件设定的最高投标限价。

(6) 投标文件没有对招标文件的实质性要求和条件作出响应。

(7) 投标人有串通投标、弄虚作假、行贿等违法行为。

《招标投标法实施条例》进一步规定，未通过资格预审的申请人提交的投标文件，以及逾期送达或者不按照招标文件要求密封的投标文件，招标人应当拒收。

3.【答案】C

【解析】选项A错误，评标委员会成员的名

单在中标结果确定前应当保密。

选项B、D错误，评标委员会成员人数为5人以上单数，其中技术、经济等方面的专家不得少于成员总数的2/3。

4. 【答案】ABDE

【解析】有下列情形之一的，评标委员会应当否决其投标：

(1) 投标文件未经投标单位盖章和单位负责人签字。

(2) 投标联合体没有提交共同投标协议。

(3) 投标人不符合国家或者招标文件规定的资格条件。

(4) 同一投标人提交两个以上不同的投标文件或者投标报价，但招标文件要求提交备选投标的除外。

(5) 投标报价低于成本或者高于招标文件设定的最高投标限价。

(6) 投标文件没有对招标文件的实质性要求和条件作出响应。

(7) 投标人有串通投标、弄虚作假、行贿等违法行为。

5. 【答案】C

【解析】中标通知书对招标人和中标人具有法律约束力。中标通知书发出后，招标人改变中标结果的，或者中标人放弃中标项目的，应当依法承担法律责任。

6. 【答案】A

【解析】《招标投标法实施条例》规定，履约保证金不得超过中标合同金额的10%，即：8650×10%＝865（万元），所以履约保证金应不高于865万元，只有选项A不高于865万元。

考点 6　招标投标异议、投诉处理

1. 【答案】A

【解析】投标人或者其他利害关系人对依法必须进行招标的项目的评标结果有异议的，应当在中标候选人公示期间提出。

2. 【答案】B

【解析】《招标投标法实施条例》规定，投标人或者其他利害关系人认为招标投标活动不符合法律、行政法规规定的，可以自知道或者应当知道之日起10日内向有关行政监督部门投诉。投诉应当有明确的请求和必要的证明材料。对资格预审文件、招标文件、开标以及对依法必须进行招标项目的评标结果有异议的，应当依法先向招标人提出异议。

3. 【答案】DE

【解析】选项A、B错误，投标人或其他利害关系人认为招标投标活动不符合法律、行政法规规定的，可以自知道或者应当知道之日起10日内向有关行政监督部门投诉。对资格预审文件、招标文件、开标以及对依法必须招标项目的评标结果有异议的，应当依法先向招标人提出异议。

选项C错误，选项D、E正确。行政监督部门应当自收到投诉之日起3个工作日内决定是否受理投诉。行政监督部门应当自受理投诉之日起30个工作日内作出书面处理决定；需要检验、检测、鉴定、专家评审的，所需时间不计算在内。

第三节　非招标采购制度

考点 1　竞争性谈判

1. 【答案】CE

【解析】公开招标应作为政府采购的主要采购方式，竞争性谈判主要适用于不能或者不宜采用招标方式的采购项目，具体为：

(1) 招标后没有供应商投标或没有合格标的或重新招标未能成立的。

(2) 技术复杂或性质特殊，不能确定详细规格或具体要求的。

(3) 采用招标所需时间不能满足用户紧急需要的。

(4) 不能事先计算出价格总额的。

2. 【答案】D

【解析】谈判结束后，谈判小组应当要求所有参加谈判的供应商在规定时间内进行最后报价，采购人从谈判小组提出的成交候选人

中根据符合采购需求、质量和服务相等且报价最低的原则确定成交供应商，并将结果通知所有参加谈判的未成交的供应商。

考点 2　询价

【答案】BCE

【解析】根据《政府采购法》，采购的货物规格、标准统一，现货货源充足且价格变化幅度小的政府采购项目，可以采用询价方式采购。

考点 3　单一来源采购

1. 【答案】C

【解析】根据《政府采购法》，符合下列情形之一的货物或者服务，可以采用单一来源方式采购：

(1) 只能从唯一供应商处采购的。

(2) 发生了不可预见的紧急情况不能从其他供应商处采购的。

(3) 必须保证原有采购项目一致性或服务配套的要求，需要继续从原供应商处添购，且添购资金总额不超过原合同采购金额10%。

2. 【答案】ACD

【解析】符合下列情形之一的货物或者服务，可以采用单一来源方式采购：

(1) 只能从唯一供应商处采购的。

(2) 发生了不可预见的紧急情况不能从其他供应商处采购的。

(3) 必须保证原有采购项目一致性或者服务配套的要求，需要继续从原供应商处添购，且添购资金总额不超过原合同采购金额10%的。

考点 4　框架协议采购

1. 【答案】A

【解析】集中采购机构或者主管预算单位应当在征集公告和征集文件中确定框架协议采购的最高限制单价。

2. 【答案】A

【解析】在封闭式框架协议采购程序中，确定第一阶段入围供应商的评审方法包括价格优先法和质量优先法。

第五章 建设工程合同法律制度

第一节 合同的基本规定

考点 1 合同的订立

1. 【答案】ABDE

【解析】合同的内容由当事人约定,一般包括以下条款:
(1) 当事人的姓名或者名称和住所。
(2) 标的。
(3) 数量。
(4) 质量。
(5) 价款或者报酬。
(6) 履行期限、地点和方式。
(7) 违约责任。
(8) 解决争议的方法。

2. 【答案】ABDE

【解析】《民法典》规定,有下列情形之一的,要约失效:
(1) 要约被拒绝。
(2) 要约被依法撤销。
(3) 承诺期限届满,受要约人未作出承诺。
(4) 受要约人对要约的内容作出实质性变更。

3. 【答案】DE

【解析】要约可以撤回,但撤回要约的通知应当在要约到达受要约人之前或者与要约同时到达受要约人。

考点 2 合同的效力

1. 【答案】CDE

【解析】选项A错误,限制民事行为能力人实施的纯获利益的民事法律行为或者与其年龄、智力、精神健康状况相适应的民事法律行为有效,实施的其他民事法律行为经法定代理人同意或者追认后有效。
选项B错误,违反法律、行政法规的强制性规定的民事法律行为无效。但是,该强制性规定不导致该民事法律行为无效的除外。
选项C正确,违背公序良俗的民事法律行为无效。
选项D正确,自然人的行为能力分三种情况,即完全行为能力、限制行为能力、无行为能力。
选项E正确,行为人具有相应的民事行为能力是有效民事行为必备条件之一。

2. 【答案】D

【解析】《民法典》规定的效力待定合同包括:
(1) 限制行为能力人订立的纯获利益的合同或者与其年龄、智力、精神健康状况相适应的合同以外的其他合同。
(2) 无权代理订立的合同。
选项D属于限制行为能力人订立的合同。

3. 【答案】ABE

【解析】选项A正确,根据《民法典》规定,可撤销合同的种类包括:
(1) 基于重大误解订立的合同,行为人有权请求人民法院或者仲裁机构予以撤销。
(2) 一方以欺诈手段,使对方在违背真实意思的情况下订立的合同,受欺诈方有权请求人民法院或者仲裁机构予以撤销。
(3) 一方或者第三人以胁迫手段,使对方在违背真实意思的情况下订立的合同,受胁迫方有权请求人民法院或者仲裁机构予以撤销。
(4) 一方利用对方处于危困状态、缺乏判断能力等情形,致使合同成立时显失公平的,受损害方有权请求人民法院或者仲裁机构予以撤销。
选项B、E正确,选项C、D错误,有下列情形之一的,撤销权消灭:
(1) 当事人自知道或者应当知道撤销事由之

日起1年内、重大误解的当事人自知道或者应当知道撤销事由之日起90日内没有行使撤销权。

(2) 当事人受胁迫，自胁迫行为终止之日起1年内没有行使撤销权。

(3) 当事人知道撤销事由后明确表示或者以自己的行为表明放弃撤销权。

(4) 当事人自民事法律行为发生之日起5年内没有行使撤销权的，撤销权消灭。

4. 【答案】B

【解析】根据《民法典》规定，可撤销合同的种类包括：

(1) 基于重大误解订立的合同，行为人有权请求人民法院或者仲裁机构予以撤销。

(2) 一方以欺诈手段，使对方在违背真实意思的情况下订立的合同，受欺诈方有权请求人民法院或者仲裁机构予以撤销。

(3) 一方或者第三人以胁迫手段，使对方在违背真实意思的情况下订立的合同，受胁迫方有权请求人民法院或者仲裁机构予以撤销。

(4) 一方利用对方处于危困状态、缺乏判断能力等情形，致使合同成立时显失公平的，受损害方有权请求人民法院或者仲裁机构予以撤销。

考点 3 合同的履行

1. 【答案】CDE

【解析】根据《民法典》，合同生效后，当事人就质量、价款或者报酬、履行地点等内容没有约定或者约定不明确的，可以协议补充；不能达成补充协议的，按照合同相关条款或者交易习惯确定。当事人就有关合同内容约定不明确，依据上述规定仍不能确定的，适用下列规定：

(1) 质量要求不明确的，按照强制性国家标准履行；没有强制性国家标准的，按照推荐性国家标准履行；没有推荐性国家标准的，按照行业标准履行；没有国家标准、行业标准的，按照通常标准或者符合合同目的的特

定标准履行。

(2) 价款或者报酬不明确的，按照订立合同时履行地的市场价格履行；依法应当执行政府定价或者政府指导价的，依照规定履行。

(3) 履行地点不明确，给付货币的，在接受货币一方所在地履行；交付不动产的，在不动产所在地履行；其他标的，在履行义务一方所在地履行。选项A错误。

(4) 履行期限不明确的，债务人可以随时履行，债权人也可以随时请求履行，但是应当给对方必要的准备时间。

(5) 履行方式不明确的，按照有利于实现合同目的的方式履行。

(6) 履行费用的负担不明确的，由履行义务一方负担；因债权人原因增加的履行费用，由债权人负担。选项B错误。

2. 【答案】CD

【解析】应当先履行债务的当事人，有确切证据证明对方有下列情形之一的，可以中止履行：

(1) 经营状况严重恶化。

(2) 转移财产、抽逃资金，以逃避债务。

(3) 丧失商业信誉。

(4) 有丧失或者可能丧失履行债务能力的其他情形。当事人没有确切证据中止履行的，应当承担违约责任。

当事人依据法律规定的抗辩权中止履行的，应当及时通知对方。对方提供适当担保的，应当恢复履行。中止履行后，对方在合理期限内未恢复履行能力且未提供适当担保的，视为以自己的行为表明不履行主要债务，中止履行的一方可以解除合同并可以请求对方承担违约责任。

考点 4 违约责任

1. 【答案】D

【解析】约定的违约金低于造成的损失的，当事人可以请求人民法院或者仲裁机构予以增加；约定的违约金过分高于造成的损失的，当事人可以请求人民法院或者仲裁机构

予以适当减少。定金的数额由当事人约定，但不得超过主合同标的额的20%。本题中，违约金＝40×10%＝4（万元），损失12万元，故违约金可要求增加到12万元。违约金和定金二选一：

（1）定金双倍返还：40×20%×2＋2＝18（万元）。

（2）违约金＋定金＝12＋10＝22（万元）。

2.【答案】C

【解析】《民法典》规定，当事人一方违约后，对方应当采取适当措施防止损失的扩大；没有采取适当措施致使损失扩大的，不得就扩大的损失要求赔偿。当事人因防止损失扩大而支出的合理费用，由违约方承担。本题中，水泥厂因违约应向施工企业赔偿的损失为：0.4＋1＋0.7＝2.1（万元）。

3.【答案】B

【解析】《民法典》规定，当事人一方违约后，对方应当采取适当措施防止损失的扩大；没有采取适当措施致使损失扩大的，不得就扩大的损失要求赔偿。本题中，甲方没有采取措施减损，导致损失扩大到5万元，但经鉴定机构鉴定，乙方的违约行为给甲方造成的损失是2万元，因此甲方只能获得2万元赔偿。

4.【答案】ACDE

【解析】违约责任的特征包括：

（1）违约责任的产生以合同当事人不履行或者不适当履行合同义务为前提。

（2）违约责任具有相对性，由违约的当事人一方对非违约的一方承担。

（3）违约责任是民事责任的一种，主要具有补偿性，目的在于弥补因违约行为造成的损害后果。

（4）违约责任可以由合同当事人约定，但约定不符合法律规定的，会被宣告无效或被撤销。

5.【答案】D

【解析】选项A错误，给付定金的一方不履行债务或者履行债务不符合约定，致使不能

实现合同目的的，无权请求返还定金；收受定金的一方不履行债务或者履行债务不符合约定，致使不能实现合同目的的，应当双倍返还定金。

选项B错误，适用违约金或者定金条款的选择权归于未违约一方，违约一方不得选择，这体现了对于违约一方的惩罚性。

选项C错误，定金的数额由当事人约定，但不得超过主合同标的额的20%。

选项D正确，当事人在定金合同中应当约定交付定金的期限。定金合同从实际交付定金之日起生效。

6.【答案】C

【解析】根据《民法典》的规定，违约金和定金只能选择适用，而不能同时合并适用，选择权归于未违约的一方。如果适用双倍返还定金，只能返还8万元；如果适用违约金，则可以得到6万元的违约金，加上返还的定金4万元，共计10万元，这样可以最大程度保护自己的利益。

【名师点拨】此题的关键是如果不适用定金条款，而适用违约金条款的，交付的定金还是要予以返还。

7.【答案】B

【解析】违约金和定金只能选择一种适用，不得同时适用，但是交付的定金可以收回（单倍）。

选择违约金：违约金＋收回的定金＝6＋4＝10（万元）。

选择定金：双倍返还8万元。

8.【答案】C

【解析】定金和违约金只能二选一，本题中，定金和违约金均是15万元。违约金具有赔偿损失的作用，违约金不足以赔偿损失的，可以增加，发包方损失12万元，未超过违约金15万元，可以不考虑。因此，发包方最多可获得的金额是双倍返还定金，即30万元。

9.【答案】B

【解析】《民法典》规定，当事人一方不履行

合同义务或者履行合同义务不符合约定，应当承担继续履行、采取补救措施或者赔偿损失等违约责任。

违约金分为法定违约金和约定违约金两种：由法律规定的违约金为法定违约金；由当事人约定的违约金为约定违约金。

当事人可以约定一方违约时应当根据违约情况向对方支付一定数额的违约金，也可以约定因违约产生的损失赔偿额的计算方法。约定的违约金低于造成的损失的，人民法院或者仲裁机构可以根据当事人的请求予以增加；约定的违约金过分高于造成的损失的，人民法院或者仲裁机构可以根据当事人的请求予以适当减少。

10. 【答案】B

【解析】定金应当以书面形式约定。当事人在定金合同中应当约定交付定金的期限。定金合同从实际交付定金之日起生效。定金的数额由当事人约定，但不得超过主合同标的额的20%。

11. 【答案】B

【解析】根据规定，定金的数额不得超过主合同金额的20%。本题中，定金为设计费的15%，即200×15%＝30（万元）。收受定金的一方不履行约定的债务的，应当双倍返还定金，即30×2＝60（万元）。

12. 【答案】A

【解析】定金的数额由当事人约定，但不得超过主合同标的额的20%。超过20%的部分不作为违约赔偿的定金范围，因此，本题合理的定金数额为20万元。甲公司实际支付25万元，甲公司可以要求退还支付的定金25万元，同时要求合理的定金数额20万元作为赔偿，共计45万元。

13. 【答案】A

【解析】当事人既约定违约金，又约定定金的，一方违约时，对方可以选择适用违约金或者定金条款。本题中，双方约定了违约金5万元和定金8万元，因此，违约金和定金二选一：

(1) 选择适用定金，则8万元定金需双倍返还，即16万元。

(2) 选择适用违约金，则返还5万元违约金，8万元定金视为预付款应一并返还，即违约金＋定金＝5＋8＝13（万元）。

因此，采购方能获得人民法院支持的最高赔偿是16万元。

14. 【答案】CE

【解析】《民法典》规定，当事人一方因不可抗力不能履行合同的，根据不可抗力的影响，部分或者全部免除责任，但是法律另有规定的除外。因不可抗力不能履行合同的，应当及时通知对方，以减轻可能给对方造成的损失，并应当在合理期限内提供证明。当事人迟延履行后发生不可抗力的，不免除其违约责任。选项C、E属于不可抗力因素，所以可以免除违约责任。

15. 【答案】B

【解析】《民法典》规定，当事人一方因不可抗力不能履行合同的，根据不可抗力的影响，部分或者全部免除责任，但是法律另有规定的除外。因不可抗力不能履行合同的，应当及时通知对方，以减轻可能给对方造成的损失，并应当在合理期限内提供证明。当事人迟延履行后发生不可抗力的，不免除其违约责任。

第二节　建设工程施工合同的规定

考点 1　施工合同的效力

1. 【答案】A

【解析】《民法典》明确规定，建设工程合同应当采用书面形式。

2. 【答案】ACD

【解析】建设工程施工合同无效的主要情形：

(1) 承包人未取得建筑施工企业资质或者超越资质等级的。

(2) 没有资质的实际施工人借用有资质的建筑施工企业名义的。

(3) 建设工程必须进行招标而未招标或者中

标无效的。
(4) 承包人非法转包、违法分包建设工程的。

3. 【答案】A
【解析】《民法典》规定，建设工程施工合同无效，但是建设工程经验收合格的，可以参照合同关于工程价款的约定折价补偿承包人。建设工程施工合同无效，且建设工程经验收不合格的，按照以下情形处理：
(1) 修复后的建设工程经验收合格的，发包人可以请求承包人承担修复费用。
(2) 修复后的建设工程经验收不合格的，承包人无权请求参照合同关于工程价款的约定折价补偿。发包人对因建设工程不合格造成的损失有过错的，应当承担相应的责任。

4. 【答案】B
【解析】没有资质的实际施工人借用有资质的建筑施工企业名义，签订的施工合同无效。建设工程施工合同无效，但是建设工程经验收合格的，可以参照合同关于工程价款的约定折价补偿承包人，故选项B正确。

5. 【答案】A
【解析】根据《民法典》规定，建设工程施工合同无效，但是建设工程经验收合格的，可以参照合同关于工程价款的约定折价补偿承包人。建设工程施工合同无效，且建设工程经验收不合格的，按照以下情形处理：
(1) 修复后的建设工程经验收合格的，发包人可以请求承包人承担修复费用。
(2) 修复后的建设工程经验收不合格的，承包人无权请求参照合同关于工程价款的约定折价补偿。发包人对因建设工程不合格造成的损失有过错的，应当承担相应的责任。

6. 【答案】CD
【解析】建设工程施工合同无效的主要情形：
(1) 承包人未取得建筑施工企业资质或者超越资质等级的。
(2) 没有资质的实际施工人借用有资质的建筑施工企业名义的。
(3) 建设工程必须进行招标而未招标或者中

标无效的。
(4) 承包人非法转包、违法分包建设工程的。

7. 【答案】AB
【解析】民事法律行为无效、被撤销或者确定不发生效力后，行为人因该行为取得的财产，应当予以返还；不能返还或者没有必要返还的，应当折价补偿。有过错的一方应当赔偿对方由此所受到的损失；双方都有过错的，应当各自承担相应的责任。

考点 2　建设工程工期

1. 【答案】C
【解析】选项C错误，开工通知发出后，尚不具备开工条件的，以开工条件具备的时间为开工日期。

2. 【答案】A
【解析】《最高人民法院关于审理建设工程施工合同纠纷案件适用法律问题的解释（一）》规定，当事人对建设工程实际竣工日期有争议的，按照以下情形分别处理：
(1) 建设工程经竣工验收合格的，以竣工验收合格之日为竣工日期。
(2) 承包人已经提交竣工验收报告，发包人拖延验收的，以承包人提交验收报告之日为竣工日期。
(3) 建设工程未经竣工验收，发包人擅自使用的，以转移占有建设工程之日为竣工日期。

考点 3　建设工程质量

【答案】ABE
【解析】发包人具有下列情形之一，造成建设工程质量缺陷，应当承担过错责任：
(1) 提供的设计有缺陷。
(2) 提供或者指定购买的建筑材料、建筑构配件、设备不符合强制性标准。
(3) 直接指定分包人分包专业工程。
选项C属于违约责任。选项D属于合同无效的情形。

考点 4　建设工程价款

1. 【答案】D

   【解析】当事人对欠付工程价款利息计付标准有约定的，按照约定处理。没有约定的，按照同期同类贷款利率或者同期贷款市场报价利率计息。利息从应付工程价款之日开始计付。当事人对付款时间没有约定或者约定不明的，下列时间视为应付款时间：
   （1）建设工程已实际交付的，为交付之日。
   （2）建设工程没有交付的，为提交竣工结算文件之日。
   （3）建设工程未交付，工程价款也未结算的，为当事人起诉之日。

2. 【答案】D

   【解析】利息从应付工程价款之日计付。当事人对付款时间没有约定或者约定不明的，下列时间视为应付款时间：
   （1）建设工程已实际交付的，为交付之日。
   （2）建设工程没有交付的，为提交竣工结算文件之日。
   （3）建设工程未交付，工程价款也未结算的，为当事人起诉之日。

3. 【答案】A

   【解析】当事人对垫资和垫资利息有约定，承包人请求按照约定返还垫资及其利息的，人民法院应予支持，但是约定的利息计算标准高于垫资时的同类贷款利率或者同期贷款市场报价利率的部分除外，选项B、C、D错误。

4. 【答案】ACE

   【解析】选项A正确，建设工程质量合格，承包人请求其承建工程的价款就工程折价或者拍卖的价款优先受偿的，人民法院应予支持。
   选项B错误，未竣工的建设工程质量合格，承包人请求其承建工程的价款就其承建工程部分折价或者拍卖的价款优先受偿的，人民法院应予支持。
   选项C正确，承包人就逾期支付建设工程价款的利息、违约金、损害赔偿金等主张优先受偿的，人民法院不予支持。
   选项D错误，承包人应当在合理期限内行使建设工程价款优先受偿权，但最长不得超过18个月，自发包人应当给付建设工程价款之日起算。
   选项E正确，发包人与承包人约定放弃或者限制建设工程价款优先受偿权，损害建筑工人利益，发包人根据该约定主张承包人不享有建设工程价款优先受偿权的，人民法院不予支持。

5. 【答案】B

   【解析】当事人就同一建设工程订立的数份建设工程施工合同均无效，但建设工程质量合格，一方当事人请求参照实际履行的合同关于工程价款的约定折价补偿承包人的，人民法院应予支持。实际履行的合同难以确定，当事人请求参照最后签订的合同关于工程价款的约定折价补偿承包人的，人民法院应予支持。

6. 【答案】D

   【解析】选项A错误，承包人应当在合理期限内行使建设工程价款优先受偿权，但最长不得超过18个月，自发包人应当给付建设工程价款之日起算。
   选项B错误，承包人享有的建设工程价款优先受偿权优于抵押权和其他债权。
   选项C错误，承包人就逾期支付建设工程价款的利息、违约金、损害赔偿金等主张优先受偿的，人民法院不予支持。
   选项D正确，建设工程质量合格，承包人请求其承建工程的价款就工程折价或者拍卖的价款优先受偿的，人民法院应予支持。

考点 5　施工合同的变更

【答案】D

【解析】根据规定，如果当事人对于合同变更约定不明的，则推定为未变更。因此本案中，合同应继续履行，甲拒绝接收，应承担违约责任。

考点 6　合同的权利义务终止

1. 【答案】C
   【解析】《民法典》规定，债务人将债务的全部或者部分转移给第三人的，应当经债权人同意。

2. 【答案】ACD
   【解析】《民法典》规定，引起合同权利义务终止的情形包括：
   (1) 债务已经履行。
   (2) 债务相互抵销。
   (3) 债务人依法将标的物提存。
   (4) 债权人免除债务。
   (5) 债权债务同归于一人。
   (6) 法律规定或者当事人约定终止的其他情形。（合同解除包含于此情形中）

3. 【答案】ABC
   【解析】《民法典》规定，引起合同权利义务终止的情形包括：
   (1) 债务已经履行。
   (2) 债务相互抵销。
   (3) 债务人依法将标的物提存。
   (4) 债权人免除债务。
   (5) 债权债务同归于一人。
   (6) 法律规定或者当事人约定终止的其他情形。

4. 【答案】B
   【解析】《民法典》规定，有下列情形之一的，当事人可以解除合同：
   (1) 因不可抗力致使不能实现合同目的。
   (2) 在履行期限届满前，当事人一方明确表示或者以自己的行为表明不履行主要债务。
   (3) 当事人一方迟延履行主要债务，经催告后在合理期限内仍未履行。
   (4) 当事人一方迟延履行债务或者有其他违约行为致使不能实现合同目的。
   (5) 法律规定的其他情形。
   以持续履行的债务为内容的不定期合同，当事人可以随时解除合同，但是应当在合理期限之前通知对方。

第三节　相关合同制度

考点 1　买卖合同

1. 【答案】ABCD
   【解析】买卖合同具有以下法律特征：
   (1) 买卖合同是转移标的物所有权的合同。
   (2) 买卖合同是双务、有偿合同。
   (3) 买卖合同是诺成合同。
   (4) 买卖合同一般为不要式合同。

2. 【答案】ACD
   【解析】选项A、C、D正确，买卖合同中，买受人的义务包括支付价款、受领标的物、检验标的物等。
   选项B错误，对标的物瑕疵担保是出卖人的义务。
   选项E错误，对发电机生产厂的生产过程进行管理是发电机生产厂的内部事务，非买受人的义务。

3. 【答案】B
   【解析】标的物毁损、灭失的风险，在标的物交付之前由出卖人承担，交付之后由买受人承担，但法律另有规定或者当事人另有约定的除外。本题中，标的物尚未交付，所以风险由出卖人承担。

4. 【答案】D
   【解析】选项A错误，出卖人出卖交由承运人运输的在途标的物，除当事人另有约定的以外，毁损、灭失的风险自合同成立时起由买受人承担。
   选项B错误，风险承担的基本规则为交付原则，即无论是动产还是不动产，标的物毁损、灭失的风险，在标的物交付之前由出卖人承担，交付之后由买受人承担，但法律另有规定或者当事人另有约定的除外。
   选项C错误，出卖人按照约定未交付有关标的物的单证和资料的，不影响标的物毁损、灭失风险的转移。
   选项D正确，因买受人的原因致使标的物未按照约定的期限交付的，买受人应当自违反约定时起承担标的物毁损、灭失的风险。

考点 2　借款合同

1.【答案】A

【解析】借款合同一般为要式合同，须以书面形式订立，但自然人之间的借款合同不受此限制。自然人之间的借款合同，自贷款人提供借款时生效。赵某未将借款交予钱某，其先前的借款约定没得到实现。

2.【答案】C

【解析】借款合同原则上为有偿合同（有息借款），也可以是无偿合同（无息借款）。自然人之间的借款合同如果没有约定利息，贷款人主张利息的，人民法院不予支持。

3.【答案】AE

【解析】贷款人的义务：
（1）按照约定的日期、数额提供借款的义务。
（2）不得预先在本金中扣除借款利息的义务。
借款人的义务：
（1）提供真实情况的义务。
（2）按照约定的日期、数额收取借款的义务。
（3）协助贷款人监督的义务。
（4）按照约定用途使用借款的义务。
（5）按期归还本金和利息的义务。
选项 B、C、D 属于借款人的义务。

4.【答案】ABE

【解析】选项 C 错误，借款合同自交付借款时成立。
选项 D 错误，利率不得超过合同成立时 1 年期贷款市场报价利率的 4 倍。

考点 3　保证合同

1.【答案】ACDE

【解析】保证合同的内容一般包括被保证的主债权的种类、数额，债务人履行债务的期限，保证的方式、范围和期间等条款。

2.【答案】ABCE

【解析】当事人应当在保证合同中予以明确约定，当事人没有约定的，保证的范围包括主债权及其利息、违约金、损害赔偿金和实现债权的费用。

3.【答案】A

【解析】当事人在保证合同中对保证方式没有约定或者约定不明确的，按照一般保证承担保证责任。债权人与保证人可以约定保证期间，但是约定的保证期间早于主债务履行期限或者与主债务履行期限同时届满的，视为没有约定；没有约定或者约定不明确的，保证期间为主债务履行期限届满之日起 6 个月。本题中未提及约定了保证方式和保证期间，因此丙承担一般保证责任，选项 C、D 错误。保证期间为主债务履行期届满之日起 6 个月，即 8 月 31 日起 6 个月，选项 B 错误。

4.【答案】A

【解析】机关法人不得为保证人，但是经国务院批准为使用外国政府或者国际经济组织贷款进行转贷的除外。以公益为目的的非营利法人、非法人组织不得为保证人。

考点 4　租赁合同

1.【答案】ACDE

【解析】租赁合同的内容包括租赁物的名称、数量、用途、租赁期限、租金及其支付期限和方式、租赁物维修等条款。

2.【答案】ABC

【解析】选项 A 正确，租赁期限低于 6 个月的，可以采用书面形式，也可以采用口头形式。

选项 B 正确，租赁合同可以约定租赁期限，但租赁期限不得超过 20 年。超过 20 年的，超过部分无效。

选项 C 正确，租赁期限 6 个月以上的，应当采用书面形式。

选项 D 错误，不定期租赁合同，当事人可以随时解除合同，但应当在合理期限之前通知对方。

选项 E 错误，租赁期限 6 个月以上，当事人未采用书面形式,无法确定租赁期限的。对于此种情况需要明确的是,并非所有的租赁期限6个月以上未采用书面形式的合同都视为不定期租赁,只有"无法确定租赁期限的"才如此处理。

考点 5　承揽合同

1. 【答案】D
   【解析】承揽合同具有以下特征:
   (1) 承揽合同的标的是完成特定的工作。
   (2) 承揽人向定作人交付的标的物是定作物。
   (3) 承揽合同具有一定的人身性质。
   (4) 承揽人向定作人交付的必须是以自己的设备、技术和劳力,完成主要工作的工作成果,非经定作人同意,承揽人不得将其承揽的主要工作交由第三人完成。

2. 【答案】D
   【解析】定作人未向承揽人支付报酬或者材料费等价款的,承揽人对完成的工作成果享有留置权或者有权拒绝交付,但是当事人另有约定的除外。

3. 【答案】C
   【解析】选项A错误,承揽人发现定作人提供的材料不符合约定的,应该及时通知定作人更换、补齐或者采取其他措施。
   选项B错误,共同承揽人对定作人承担连带责任,但是当事人另有约定的除外。
   选项D错误,承揽人在工作期间,应当接受定作人必要的监督检验。

4. 【答案】ABCD
   【解析】定作人的主要义务:
   (1) 按约支付报酬及材料费等价款的义务。

   (2) 受领并验收工作成果的义务。
   (3) 按约提供材料的义务。
   (4) 协助承揽人完成工作的义务。
   (5) 及时答复承揽人的义务。
   (6) 对中途变更承揽工作要求的损失赔偿义务。
   (7) 不得滥用监督检验权利的义务。

5. 【答案】CE
   【解析】定作人在承揽人完成工作前可以随时解除合同,造成承揽人损失的,应当赔偿损失。

考点 6　运输合同

1. 【答案】ABDE
   【解析】货运合同是承运人将货物从起运地点运输到约定地点,托运人或者收货人支付运输费用的合同。该合同具有以下特征:
   (1) 货运合同的当事人具有特殊性。货运合同的一方当事人是承运人,另一方是托运人。收货人有时和托运人是同一人,但大部分时候是承运人和托运人之外的第三人。如果收货人未参与合同的签订,就不是货运合同的当事人,只是合同的利害关系人。
   (2) 货运合同的客体是承运人的运送行为,不是运送的货物本身。
   (3) 货运合同为双务、有偿、诺成合同。
   (4) 货运合同多为定型化合同。

2. 【答案】D
   【解析】承运人对运输过程中货物的毁损、灭失承担赔偿责任,但承运人证明货物的毁损、灭失是因不可抗力、货物本身的自然性质或者合理损耗以及托运人、收货人的过错造成的,不承担赔偿责任。

第六章　建设工程安全生产法律制度

第一节　建设单位和相关单位的安全责任制度

考点 1　建设单位的安全责任

1.【答案】D

【解析】建设单位的安全责任：
(1) 依法办理有关批准手续。
(2) 申领施工许可证应当提供有关安全施工措施的资料。
(3) 向施工单位提供真实、准确和完整的有关资料。
(4) 确定建设工程安全作业环境及安全施工措施费用。
(5) 不得提出违反安全法规的要求以及压缩合同工期。
(6) 不得要求购买、租赁和使用不符合安全施工要求的用具设备等。
(7) 落实安全设施"三同时"。
(8) 装修工程和拆除工程的安全要求。
(9) 建设单位违法行为应承担的法律责任。

2.【答案】ADE

【解析】建设单位的安全责任：
(1) 依法办理有关批准手续。《建筑法》规定，有下列情形之一的，建设单位应当按照国家有关规定办理申请批准手续：①需要临时占用规划批准范围以外场地的；②可能损坏道路、管线、电力、邮电通信等公共设施的；③需要临时停水、停电、中断道路交通的；④需要进行爆破作业的；⑤法律、法规规定需要办理报批手续的其他情形。选项 E 正确。
(2) 申领施工许可证应当提供有关安全施工措施的资料。
(3) 向施工单位提供真实、准确和完整的有关资料。《建筑法》规定，建设单位应当向建筑施工企业提供与施工现场相关的地下管线资料，建筑施工企业应当采取措施加以保护。选项 A 正确。
(4) 确定建设工程安全作业环境及安全施工措施费用。
(5) 不得提出违反安全法规的要求以及压缩合同工期。
(6) 不得要求购买、租赁和使用不符合安全施工要求的用具设备等。
(7) 落实安全设施"三同时"。
(8) 装修工程和拆除工程的安全要求：《建设工程安全生产管理条例》规定，建设单位应当将拆除工程发包给具有相应资质条件的施工单位。选项 D 正确。
(9) 建设单位违法行为应承担的法律责任。

3.【答案】ABCE

【解析】建设单位的安全责任：
(1) 依法办理有关批准手续。
(2) 申领施工许可证应当提供有关安全施工措施的资料。
(3) 向施工单位提供真实、准确和完整的有关资料。
(4) 确定建设工程安全作业环境及安全施工措施费用。
(5) 不得提出违反安全法规的要求以及压缩合同工期。
(6) 不得要求购买、租赁和使用不符合安全施工要求的用具设备等。
(7) 落实安全设施"三同时"。
(8) 装修工程和拆除工程的安全要求。
(9) 建设单位违法行为应承担的法律责任。

4.【答案】D

【解析】选项 D 正确，建设单位应当在拆除工程施工 15 日前，将下列资料报送建设工程所在地的县级以上地方人民政府建设行政主管部门或者其他有关部门备案：
(1) 施工单位资质等级证明，

(2) 拟拆除建筑物、构筑物及可能危及毗邻建筑的说明。

(3) 拆除施工组织方案。

(4) 堆放、清除废弃物的措施。

考点 2　勘察、设计单位的安全责任

1. 【答案】D

【解析】《建设工程安全生产管理条例》规定，勘察单位在勘察作业时，应当严格执行操作规程，采取措施保证各类管线、设施和周边建筑物、构筑物的安全。

2. 【答案】CDE

【解析】设计单位的安全责任：

(1) 按照法律、法规和工程建设强制性标准进行设计。

(2) 明确施工安全关键点并提出指导意见。

(3) 对"三新"等工程的施工安全提出措施建议。

(4) 对工程设计成果负责。

3. 【答案】D

【解析】《建设工程安全生产管理条例》规定，设计单位和注册建筑师等注册执业人员应当对其设计负责。

4. 【答案】AB

【解析】设计单位的安全责任：

(1) 按照法律、法规和工程建设强制性标准进行设计。

(2) 明确施工安全关键点并提出指导意见。

(3) 对"三新"等工程的施工安全提出措施建议。

(4) 对工程设计成果负责。

5. 【答案】A

【解析】注册执业人员未执行法律、法规和工程建设强制性标准的，责令停止执业3个月以上1年以下；情节严重的，吊销执业资格证书，5年内不予注册。

考点 3　工程监理单位的安全责任

1. 【答案】B

【解析】工程监理单位的安全责任：

(1) 对建设工程安全生产的总体监督。

(2) 审查安全技术措施或专项施工方案。《建设工程安全生产管理条例》规定，工程监理单位应当审查施工组织设计中的安全技术措施或者专项施工方案是否符合工程建设强制性标准。

(3) 依法处理施工安全事故隐患。

(4) 承担建设工程安全生产的监理责任。

选项A属于施工单位的安全责任；选项C属于建设单位的安全责任；选项D属于设计单位的安全责任。

2. 【答案】C

【解析】《建设工程安全生产管理条例》规定，工程监理单位在实施监理过程中，发现存在安全事故隐患的，应当要求施工单位整改；情况严重的，应当要求施工单位暂时停止施工，并及时报告建设单位。

考点 4　机械设备、检验检测等单位的安全责任

1. 【答案】C

【解析】《建设工程安全生产管理条例》规定，出租的机械设备和施工机具及配件，应当具有生产（制造）许可证、产品合格证。出租单位应当对出租的机械设备和施工机具及配件的安全性能进行检测，在签订租赁协议时，应当出具检测合格证明。禁止出租检测不合格的机械设备和施工机具及配件。

2. 【答案】ABE

【解析】《建设工程安全生产管理条例》规定，出租的机械设备和施工机具及配件，应当具有生产（制造）许可证、产品合格证。出租单位应当对出租的机械设备和施工机具及配件的安全性能进行检测，在签订租赁协议时，应当出具检测合格证明。

3. 【答案】B

【解析】安装、拆卸施工起重机械和整体提升脚手架、模板等自升式架设施，应当编制拆装方案、制定安全施工措施，并由专业技术人员现场监督。

4. 【答案】C

【解析】根据《建设工程安全生产管理条例》规定，施工起重机械和整体提升脚手架、模板等自升式架设设施安装、拆卸单位有下列行为之一的，责令限期改正，处5万元以上10万元以下的罚款；情节严重的，责令停业整顿，降低资质等级，直至吊销资质证书；造成损失的，依法承担赔偿责任：
(1) 未编制拆装方案、制定安全施工措施的。
(2) 未由专业技术人员现场监督的。
(3) 未出具自检合格证明或者出具虚假证明的。
(4) 未向施工单位进行安全使用说明，办理移交手续的。

第二节　施工安全生产许可证制度

考点 1　申请领取安全生产许可证的程序和条件

1. 【答案】D

【解析】《建筑施工企业安全生产许可证管理规定》针对建筑施工活动，明确规定建筑施工企业取得安全生产许可证，应当具备下列安全生产条件：
(1) 建立、健全安全生产责任制，制定完备的安全生产规章制度和操作规程。
(2) 保证本单位安全生产条件所需资金的投入。
(3) 设置安全生产管理机构，按照国家有关规定配备专职安全生产管理人员。
(4) 主要负责人、项目负责人、专职安全生产管理人员经建设主管部门或者其他有关部门考核合格。
(5) 特种作业人员经有关业务主管部门考核合格，取得特种作业操作资格证书。
(6) 管理人员和作业人员每年至少进行1次安全生产教育培训并考核合格。
(7) 依法参加工伤保险，依法为施工现场从事危险作业的人员办理意外伤害保险，为从业人员交纳保险费。

(8) 施工现场的办公、生活区及作业场所和安全防护用具、机械设备、施工机具及配件符合有关安全生产法律、法规、标准和规程的要求。
(9) 有职业危害防治措施，并为作业人员配备符合国家标准或者行业标准的安全防护用具和安全防护服装。
(10) 有对危险性较大的分部分项工程及施工现场易发生重大事故的部位、环节的预防、监控措施和应急预案。
(11) 有生产安全事故应急救援预案、应急救援组织或者应急救援人员，配备必要的应急救援器材、设备。
(12) 法律、法规规定的其他条件。

2. 【答案】ABDE

【解析】《建筑施工企业安全生产许可证管理规定》针对建筑施工活动，明确规定建筑施工企业取得安全生产许可证，应当具备下列安全生产条件（节选）：
(1) 建立、健全安全生产责任制，制定完备的安全生产规章制度和操作规程。
(2) 保证本单位安全生产条件所需资金的投入。
(3) 设置安全生产管理机构，按照国家有关规定配备专职安全生产管理人员。
(5) 特种作业人员经有关业务主管部门考核合格，取得特种作业操作资格证书。
(6) 依法参加工伤保险，依法为施工现场从事危险作业的人员办理意外伤害保险，为从业人员交纳保险费。

3. 【答案】C

【解析】建筑施工企业从事建筑施工活动前，应当依照《建筑施工企业安全生产许可证管理规定》，向企业注册所在地省、自治区、直辖市人民政府住房城乡建设主管部门申请领取安全生产许可证。

考点 2　安全生产许可证的有效期和撤销

1. 【答案】B

【解析】《安全生产许可证条例》规定，安全生产许可证的有效期为3年。

2. 【答案】A

【解析】安全生产许可证颁发管理机关或者其上级行政机关发现有下列情形之一的，可以撤销已经颁发的安全生产许可证：

(1) 安全生产许可证颁发管理机关工作人员滥用职权、玩忽职守颁发安全生产许可证的。

(2) 超越法定职权颁发安全生产许可证的。

(3) 违反法定程序颁发安全生产许可证的。

(4) 对不具备安全生产条件的建筑施工企业颁发安全生产许可证的。

(5) 依法可以撤销已经颁发的安全生产许可证的其他情形。

3. 【答案】CD

【解析】选项A错误，安全生产许可证有效期为3年，企业应当于期满前3个月向原发证机关办理延期手续。

选项B错误，建筑施工企业变更名称、地址、法定代表人等，应当在变更后10日内，到原安全生产许可证颁发管理机关办理安全生产许可证变更手续。

选项E错误，未发生死亡事故的，经原安全生产许可证颁发管理机关同意，不再审查，安全生产许可证有效期延期3年。

第三节 施工单位安全生产责任制度

考点 1 施工单位的安全生产责任

1. 【答案】B

【解析】生产经营单位的主要负责人对本单位安全生产工作负有下列职责：

(1) 建立健全并落实本单位全员安全生产责任制，加强安全生产标准化建设。

(2) 组织制定并实施本单位安全生产规章制度和操作规程。

(3) 组织制定并实施本单位安全生产教育和培训计划。

(4) 保证本单位安全生产投入的有效实施。

(5) 组织建立并落实安全风险分级管控和隐患排查治理双重预防工作机制，督促、检查本单位的安全生产工作，及时消除生产安全事故隐患。

(6) 组织制定并实施本单位的生产安全事故应急救援预案。

(7) 及时、如实报告生产安全事故。

2. 【答案】ACE

【解析】选项B、D错误，建筑施工企业安全生产管理机构专职安全生产管理人员的配备应满足下列要求，并应根据企业经营规模、设备管理和生产需要予以增加。

(1) 建筑施工总承包资质序列企业：特级资质不少于6人；一级资质不少于4人；二级和二级以下资质企业不少于3人。

(2) 建筑施工专业承包资质序列企业：一级资质不少于3人；二级和二级以下资质企业不少于2人。

(3) 建筑施工劳务分包资质序列企业：不少于2人。

(4) 建筑施工企业的分公司、区域公司等较大的分支机构应依据实际生产情况配备不少于2人的专职安全生产管理人员。

3. 【答案】ACDE

【解析】住房和城乡建设部《关于印发〈房屋市政工程生产安全重大事故隐患判定标准（2022版）〉的通知》（建质规〔2022〕2号）规定，施工安全管理有下列情形之一的，应判定为重大事故隐患：

(1) 建筑施工企业未取得安全生产许可证擅自从事建筑施工活动。

(2) 施工单位的主要负责人、项目负责人、专职安全生产管理人员未取得安全生产考核合格证书从事相关工作。

(3) 建筑施工特种作业人员未取得特种作业人员操作资格证书上岗作业。

(4) 危险性较大的分部分项工程未编制、未审核专项施工方案，或未按规定组织专家对"超过一定规模的危险性较大的分部分项工程范围"的专项施工方案进行论证。

考点 2　施工总承包和分包单位的安全生产责任

1. 【答案】A

【解析】《建设工程安全生产管理条例》规定，总承包单位依法将建设工程分包给其他单位的，分包合同中应当明确各自的安全生产方面的权利、义务。总承包单位和分包单位对分包工程的安全生产承担连带责任。

2. 【答案】B

【解析】《建设工程安全生产管理条例》规定，实行施工总承包的建设工程，由总承包单位负责上报事故。

3. 【答案】B

【解析】实行施工总承包的，由总承包单位统一组织编制建设工程生产安全事故应急救援预案，工程总承包单位和分包单位按照应急救援预案，各自建立应急救援组织或者配备应急救援人员，配备救援器材、设备，并定期组织演练。

考点 3　施工单位负责人和项目负责人施工现场带班制度

1. 【答案】D

【解析】选项A正确，建筑施工企业负责人带班检查时，应认真做好检查记录，并分别在企业和工程项目存档备查。

选项B正确，工程项目进行超过一定规模的危险性较大的分部分项工程施工时，建筑施工企业负责人应到施工现场进行带班检查。工程项目出现险情或发现重大隐患时，建筑施工企业负责人应到施工现场带班检查，督促工程项目进行整改，及时消除险情和隐患。

选项C正确，建筑施工企业负责人要定期带班检查，每月检查时间不少于其工作日的25%。

选项D错误，对于有分公司（非独立法人）的企业集团，集团负责人因故不能到现场的，可书面委托工程所在地的分公司负责人对施工现场进行带班检查。

2. 【答案】C

【解析】建筑施工企业负责人要定期带班检查，每月检查时间不少于其工作日的25%。

3. 【答案】C

【解析】《建筑施工企业负责人及项目负责人施工现场带班暂行办法》规定，项目负责人每月带班生产时间不得少于本月施工时间的80%。

考点 4　施工项目负责人和施工作业人员安全生产的权利和义务

1. 【答案】A

【解析】《建设工程安全生产管理条例》规定，施工单位的项目负责人应当由取得相应执业资格的人员担任，对建设工程项目的安全施工负责，落实安全生产责任制度、安全生产规章制度和操作规程，确保安全生产费用的有效使用，并根据工程的特点组织制定安全施工措施，消除安全事故隐患，及时、如实报告生产安全事故。

2. 【答案】ABCD

【解析】施工作业人员应当享有的安全生产权利包括：

（1）施工作业危险的知情权和建议权。《安全生产法》规定，生产经营单位的从业人员有权了解其作业场所和工作岗位存在的危险因素、防范措施及事故应急措施，有权对本单位的安全生产工作提出建议。

（2）施工安全防护用品的获得权。

（3）对危险行为的批评、检举、控告权和拒绝违章指挥权。

（4）紧急避险权。

（5）获得工伤保险、安全生产责任保险和意外伤害保险赔偿的权利。

（6）获得救治和请求民事赔偿权。

（7）依靠工会维护合法权益。

选项E属于施工作业人员的安全生产义务。

3. 【答案】C

【解析】《安全生产法》规定，从业人员发现直接危及人身安全的紧急情况时，有权停止作业或者在采取可能的应急措施后撤离作业场所。

4. 【答案】ABD

【解析】施工作业人员主要应当履行如下安全生产义务：
(1) 遵章守规和正确使用安全防护用具。
(2) 接受安全生产教育培训的义务。
(3) 及时报告安全事故隐患及其他危险。

考点 5　施工单位安全生产教育培训

1. 【答案】ABC

   【解析】《建设工程安全生产管理条例》规定，施工单位的主要负责人、项目负责人、专职安全生产管理人员应当经建设行政主管部门或者其他部门考核合格后方可任职。

2. 【答案】ACDE

   【解析】《建设工程安全生产管理条例》规定，垂直运输机械作业人员、安装拆卸工、爆破作业人员、起重信号工、登高架设作业人员等特种作业人员，必须按照国家有关规定经过专门的安全作业培训，并取得特种作业操作资格证书后，方可上岗作业。

3. 【答案】B

   【解析】《建设工程安全生产管理条例》规定，施工单位应当对管理人员和作业人员每年至少进行一次安全生产教育培训，其教育培训情况记入个人工作档案。安全生产教育培训考核不合格的人员，不得上岗。

4. 【答案】C

   【解析】《国务院安委会关于进一步加强安全培训工作的决定》中指出，严格落实企业职工先培训后上岗制度。建筑企业要对新职工进行至少 32 学时的安全培训，每年进行至少 20 学时的再培训。

5. 【答案】C

   【解析】高危企业新职工安全培训合格后，要在经验丰富的工人师傅带领下，实习至少 2 个月后方可独立上岗。

第四节　施工现场安全防护制度

考点 1　编制和实施安全技术措施、专项施工方案

1. 【答案】B

   【解析】施工单位应当在危险性较大的分部分项工程施工前组织工程技术人员编制专项施工方案。实行施工总承包的，专项施工方案应当由施工总承包单位组织编制。危险性较大的分部分项工程实行分包的，专项施工方案可以由相关专业分包单位组织编制。

2. 【答案】AC

   【解析】选项 B 错误。专项施工方案应当由施工单位技术负责人审核签字、加盖单位公章，并由总监理工程师审查签字、加盖执业印章后方可实施。

   选项 D 错误。实行施工总承包的，专项施工方案应当由施工总承包单位组织编制。危险性较大的分部分项工程实行分包的，专项施工方案可以由相关专业分包单位组织编制。

   选项 E 错误。专项施工方案经论证需修改后通过的，施工单位应当根据论证报告修改完善后，专项施工方案应当由施工单位技术负责人审核签字、加盖单位公章，并由总监理工程师审查签字、加盖执业印章后方可实施。专项施工方案经论证不通过的，施工单位修改后应当按照规定的要求重新组织专家论证。

3. 【答案】C

   【解析】《建设工程安全生产管理条例》规定，对下列达到一定规模的危险性较大的分部分项工程编制专项施工方案，并附具安全验算结果，经施工单位技术负责人、总监理工程师签字后实施，由专职安全生产管理人员进行现场监督：
   (1) 基坑支护与降水工程。
   (2) 土方开挖工程。
   (3) 模板工程。
   (4) 起重吊装工程。
   (5) 脚手架工程。
   (6) 拆除、爆破工程。
   (7) 国务院建设行政主管部门或者其他有关部门规定的其他危险性较大的工程。
   对以上所列工程中涉及深基坑、地下暗挖工

程、高大模板工程的专项施工方案，施工单位还应当组织专家进行论证、审查。

考点 2　施工现场安全防范措施和安全生产费用

1. 【答案】B

   【解析】《建设工程安全生产管理条例》规定，施工单位应当在施工现场入口处、施工起重机械、临时用电设施、脚手架、出入通道口、楼梯口、电梯井口、孔洞口、桥梁口、隧道口、基坑边沿、爆破物及有害危险气体和液体存放处等危险部位，设置明显的安全警示标志。因此，施工单位为责任主体。

2. 【答案】ABCE

   【解析】施工单位应当在施工现场入口处、施工起重机械、临时用电设施、脚手架、出入通道口、楼梯口、电梯井口、孔洞口、桥梁口、隧道口、基坑边沿、爆破物及有害危险气体和液体存放处等危险部位，设置明显的安全警示标志。

3. 【答案】B

   【解析】《危险化学品安全管理条例》规定，进行可能危及危险化学品管道安全的施工作业，施工单位应当在开工的7日前书面通知管道所属单位，并与管道所属单位共同制定应急预案，采取相应的安全防护措施。

4. 【答案】D

   【解析】建设工程施工企业以建筑安装工程造价为依据，于月末按工程进度计算提取企业安全生产费用。提取标准如下：

   (1) 矿山工程3.5%。

   (2) 铁路工程、房屋建筑工程、城市轨道交通工程3%。

   (3) 水利水电工程、电力工程2.5%。

   (4) 冶炼工程、机电安装工程、化工石油工程、通信工程2%。

   (5) 市政公用工程、港口与航道工程、公路工程1.5%。

   建设单位应当在合同中单独约定并于工程开工日1个月内向承包单位支付至少50%企业安全生产费用。总包单位应当在合同中单独约定并于分包工程开工日1个月内将至少50%企业安全生产费用直接支付给分包单位并监督使用，分包单位不再重复提取。

考点 3　施工现场消防安全责任

1. 【答案】B

   【解析】选项B错误，按照相关标准配备消防设施、器材，设置消防安全标志，定期检验维修，对建筑消防设施每年至少进行一次全面检测，确保完好有效。设有消防控制室的，实行24小时值班制度，每班不少于2人，并持证上岗。

2. 【答案】ABDE

   【解析】《建设工程安全生产管理条例》规定，施工单位应当在施工现场建立消防安全责任制度，确定消防安全责任人，制定用火、用电、使用易燃易爆材料等各项消防安全管理制度和操作规程，设置消防通道、消防水源，配备消防设施和灭火器材，并在施工现场入口处设置明显标志。

第五节　施工生产安全事故的应急救援和调查处理

考点 1　生产安全事故的等级划分标准

1. 【答案】C

   【解析】国务院《生产安全事故报告和调查处理条例》规定，根据生产安全事故造成的人员伤亡或者直接经济损失，事故等级划分为：特别重大事故、重大事故、较大事故和一般事故。其中，较大事故是指造成3人以上10人以下死亡，或者10人以上50人以下重伤（包括急性工业中毒），或者1000万元以上5000万元以下直接经济损失的事故。所称的"以上"包括本数，所称的"以下"不包括本数。

2. 【答案】A

   【解析】国务院《生产安全事故报告和调查处理条例》规定，根据生产安全事故造成的人员伤亡或者直接经济损失，事故一般分为以下等级：

（1）特别重大事故，是指造成30人以上死亡，或者100人以上重伤（包括急性工业中毒，下同），或者1亿元以上直接经济损失的事故。

（2）重大事故，是指造成10人以上30人以下死亡，或者50人以上100人以下重伤，或者5000万元以上1亿元以下直接经济损失的事故。

（3）较大事故，是指造成3人以上10人以下死亡，或者10人以上50人以下重伤，或者1000万元以上5000万元以下直接经济损失的事故。

（4）一般事故，是指造成3人以下死亡，或者10人以下重伤，或者1000万元以下直接经济损失的事故。

所称的"以上"包括本数，所称的"以下"不包括本数。

3.【答案】A

【解析】特别重大事故，是指造成30人以上死亡，或者100人以上重伤（包括急性工业中毒），或者1亿元以上直接经济损失的事故。本题中，直接经济损失约1.5亿元，应属于特别重大事故。

4.【答案】D

【解析】选项A错误，造成1000万元以上5000万元以下直接经济损失的事故属于较大事故。

选项B、C错误，造成10人以上30人以下死亡或者50人以上100人以下重伤的事故属于重大事故。

所称的"以上"包括本数，所称的"以下"不包括本数。

考点 2 　生产安全事故应急救援预案

1.【答案】B

【解析】易燃易爆物品、危险化学品等危险物品的生产、经营、储存、运输单位，矿山、金属冶炼、城市轨道交通运营、建筑施工单位，以及宾馆、商场、娱乐场所、旅游景区等人员密集场所经营单位，应当至少每半年组织1次生产安全事故应急救援预案演练，并将演练情况报送所在地县级以上地方人民政府负有安全生产监督管理职责的部门。

2.【答案】A

【解析】选项A错误，应急救援队伍根据救援命令参加生产安全事故应急救援所耗费用，由事故责任单位承担；事故责任单位无力承担的，由有关人民政府协调解决。

选项B、C、D正确，《生产安全事故应急条例》规定，有关地方人民政府及其部门接到生产安全事故报告后，应当按照国家有关规定上报事故情况，启动相应的生产安全事故应急救援预案，并按照应急救援预案的规定采取下列一项或者多项应急救援措施：

（1）组织抢救遇险人员，救治受伤人员，研判事故发展趋势以及可能造成的危害。

（2）通知可能受到事故影响的单位和人员，隔离事故现场，划定警戒区域，疏散受到威胁的人员，实施交通管制。

（3）采取必要措施，防止事故危害扩大和次生、衍生灾害发生，避免或者减少事故对环境造成的危害。

（4）依法发布调用和征用应急资源的决定。

（5）依法向应急救援队伍下达救援命令。

（6）维护事故现场秩序，组织安抚遇险人员和遇险遇难人员亲属。

（7）依法发布有关事故情况和应急救援工作的信息。

（8）法律、法规规定的其他应急救援措施。

考点 3 　生产安全事故报告、调查和处理

1.【答案】ABC

【解析】《房屋市政工程生产安全事故报告和查处工作规程》规定，事故报告主要应当包括以下内容：

（1）事故的发生时间、地点和工程项目名称。

(2) 事故已经造成或者可能造成的伤亡人数（包括下落不明人数）。
(3) 事故工程项目的建设单位及项目负责人、施工单位及其法定代表人和项目经理、监理单位及其法定代表人和项目总监。
(4) 事故的简要经过和初步原因。
(5) 其他应当报告的情况。
事故报告后出现新情况，以及事故发生之日起 30 日内伤亡人数发生变化的，应当及时补报。

2. 【答案】B
【解析】国务院住房和城乡建设主管部门应当在特别重大和重大事故发生后 4 小时内，向国务院上报事故情况。

第六节 政府主管部门安全生产监督管理

考点 1 建设工程安全生产的监督管理体制

1. 【答案】D
【解析】选项 A 错误，施工安全监督人员应当具备下列条件：
(1) 具有工程类相关专业大专及以上学历或初级及以上专业技术职称。
(2) 具有两年及以上施工安全管理经验。
(3) 熟悉掌握相关法律法规和工程建设标准规范。
(4) 经业务培训考核合格，取得相关执法证书。
(5) 具有良好的职业道德。
选项 B 错误，施工安全监督机构应当具备以下条件：
(1) 具有完整的组织体系，岗位职责明确。
(2) 具有符合规定的施工安全监督人员，人员数量满足监督工作需要且专业结构合理，其中监督人员应当占监督机构总人数的 75% 以上。
(3) 具有固定的工作场所，配备满足监督工作需要的仪器、设备、工具及安全防护用品。
(4) 有健全的施工安全监督工作制度，具备

与监督工作相适应的信息化管理条件。
选项 C 错误，工程项目因故中止施工的，监督机构对工程项目中止施工安全监督。
选项 D 正确，施工安全监督主要包括以下内容：
(1) 抽查工程建设责任主体履行安全生产职责情况。
(2) 抽查工程建设责任主体执行法律、法规、规章、制度及工程建设强制性标准情况。
(3) 抽查建筑施工安全生产标准化开展情况。
(4) 组织或参与工程项目施工安全事故的调查处理。
(5) 依法对工程建设责任主体违法违规行为实施行政处罚。
(6) 依法处理与工程项目施工安全相关的投诉、举报。

2. 【答案】C
【解析】选项 C 错误，施工安全监督人员应当具备下列条件：
(1) 具有工程类相关专业大专及以上学历或初级及以上专业技术职称。
(2) 具有两年及以上施工安全管理经验。
(3) 熟悉掌握相关法律法规和工程建设标准规范。
(4) 经业务培训考核合格，取得相关执法证书。
(5) 具有良好的职业道德。

3. 【答案】B
【解析】工程项目终止施工安全监督后监督机构应当整理工程项目的施工安全监督资料，包括监督文书、抽查记录、项目安全生产标准化自评材料等，形成工程项目的施工安全监督档案。工程项目施工安全监督档案保存期限为 3 年，自归档之日起计算。

4. 【答案】ABDE
【解析】施工安全监督机构应当具备以下条件：
(1) 具有完整的组织体系，岗位职责明确。

(2) 具有符合规定的施工安全监督人员，人员数量满足监督工作需要且专业结构合理，其中监督人员应当占监督机构总人数的75%以上。

(3) 具有固定的工作场所，配备满足监督工作需要的仪器、设备、工具及安全防护用品。

(4) 有健全的施工安全监督工作制度，具备与监督工作相适应的信息化管理条件。

考点 2　政府主管部门对涉及安全生产事项的审查及执法职权

【答案】C

【解析】选项A错误，负有安全生产监督管理职责的部门对涉及安全生产的事项进行审查、验收，不得收取费用。

选项B错误，不得要求接受审查、验收的单位购买其指定品牌或者指定生产、销售单位的安全设备、器材或者其他产品。

选项D错误，对未依法取得批准或者验收合格的单位擅自从事有关活动的，负责行政审批的部门发现或者接到举报后应当立即予以取缔，并依法予以处理。

考点 3　安全生产举报处理、相关信息系统和工艺、设备、材料淘汰制度

【答案】C

【解析】选项A错误、选项C正确，负有安全生产监督管理职责的部门应当建立安全生产违法行为信息库，如实记录生产经营单位及其有关从业人员的安全生产违法行为信息；对违法行为情节严重的生产经营单位及其有关从业人员，应当及时向社会公告，并通报行业主管部门、投资主管部门、自然资源主管部门、生态环境主管部门、证券监督管理机构以及有关金融机构。

选项B错误，负有安全生产监督管理职责的部门应当加强对生产经营单位行政处罚信息的及时归集、共享、应用和公开，对生产经营单位作出处罚决定后7个工作日内在监督管理部门公示系统予以公开曝光，强化对违法失信生产经营单位及其有关从业人员的社会监督，提高全社会安全生产诚信水平。

选项D错误，有关部门和机构应当对存在失信行为的生产经营单位及其有关从业人员采取加大执法检查频次、暂停项目审批、上调有关保险费率、行业或者职业禁入等联合惩戒措施，并向社会公示。

第七章　建设工程质量法律制度

第一节　工程建设标准

考点 1　工程建设标准的制定

1. 【答案】C

   【解析】工程建设国家标准分为强制性标准和推荐性标准。下列标准属于强制性标准：
   (1) 工程建设勘察、规划、设计、施工（包括安装）及验收等通用的综合标准和重要的通用的质量标准。
   (2) 工程建设通用的有关安全、卫生和环境保护的标准。
   (3) 工程建设重要的通用的术语、符号、代号、量与单位、建筑模数和制图方法标准。
   (4) 工程建设重要的通用的试验、检验和评定方法等标准。
   (5) 工程建设重要的通用的信息技术标准。
   (6) 国家需要控制的其他工程建设通用的标准。

2. 【答案】C

   【解析】工程建设国家标准分为强制性标准和推荐性标准。下列标准属于强制性标准：
   (1) 工程建设勘察、规划、设计、施工（包括安装）及验收等通用的综合标准和重要的通用的质量标准。
   (2) 工程建设通用的有关安全、卫生和环境保护的标准。
   (3) 工程建设重要的通用的术语、符号、代号、量与单位、建筑模数和制图方法标准。
   (4) 工程建设重要的通用的试验、检验和评定方法等标准。
   (5) 工程建设重要的通用的信息技术标准。
   (6) 国家需要控制的其他工程建设通用的标准。

3. 【答案】A

   【解析】对没有推荐性国家标准、需要在全国某个行业范围内统一的技术要求，可以制定行业标准。行业标准不得与国家标准相抵触。行业标准在相应的国家标准实施后，应当及时修订或废止。

4. 【答案】C

   【解析】选项A错误，国家鼓励社会团体制定高于推荐性标准相关技术要求的团体标准。

   选项B错误，团体标准的技术要求不得低于强制性标准的相关技术要求。

   选项C正确、选项D错误，团体标准由本团体成员约定采用或供社会自愿采用。

考点 2　工程建设强制性标准实施

1. 【答案】D

   【解析】《建设工程质量管理条例》规定，施工单位必须按照工程设计要求、施工技术标准和合同约定，对建筑材料、建筑构配件、设备和商品混凝土进行检验，检验结果要按规定格式形成书面记录，并由相关的专业人员签字；未经检验或者检验不合格的，不得使用。

2. 【答案】A

   【解析】选项A错误，工程建设标准批准部门应当对工程项目执行强制性标准情况进行监督检查。

   选项B正确，监督检查可以采取重点检查、抽查和专项检查的方式。

   选项C正确，工程建设标准批准部门应当将强制性标准监督检查结果在一定范围内公告。

   选项D正确，工程建设标准批准部门应当定期对建设项目规划审查机关、施工图设计文件审查单位、建筑安全监督管理机构、工程质量监督机构实施强制性标准的监督进行检查，对监督不力的单位和个人，给予通报批评，建议有关部门处理。

3. 【答案】B

【解析】监督检查的方式有重点检查、抽查和专项检查。

考点 3　建设工程抗震管理制度

1. 【答案】B

【解析】实行施工总承包的，隔震减震装置属于建设工程主体结构的施工，应当由总承包单位自行完成。

2. 【答案】B

【解析】已经建成的下列建设工程，未采取抗震设防措施或者抗震设防措施未达到抗震设防要求的，应当按照国家有关规定进行抗震性能鉴定，并采取必要的抗震加固措施：

（1）重大建设工程。

（2）可能发生严重次生灾害的建设工程。

（3）具有重大历史、科学、艺术价值或者重要纪念意义的建设工程。

（4）学校、医院等人员密集场所的建设工程。

（5）地震重点监视防御区内的建设工程。

第二节　无障碍环境建设制度

考点 1　无障碍设施建设

1. 【答案】C

【解析】县级以上人民政府应当根据实际情况，制定有针对性的无障碍设施改造计划并组织实施。鉴于无障碍设施改造工作所需资金投入大，改造情形多种多样，社会关系复杂，实施难度大等情况，根据规定，该改造工作由所有权人或者管理人负责。

2. 【答案】D

【解析】选项 D 错误，国家鼓励工程建设、设计、施工等单位采用先进的理念和技术，建设人性化、系统化、智能化并与周边环境相协调的无障碍设施。

考点 2　无障碍环境建设保障措施

【答案】C

【解析】选项 A 错误，国家鼓励高等学校、中等职业学校等开设无障碍环境建设相关专业和课程，开展无障碍环境建设理论研究、国际交流和实践活动。

选项 B 错误、选项 C 正确，建筑、交通运输、计算机科学与技术等相关学科专业应当增加无障碍环境建设的教学和实践内容，相关领域职业资格、继续教育以及其他培训的考试内容应当包括无障碍环境建设知识。

选项 D 错误，国家鼓励机关、企业事业单位、社会团体以及其他社会组织，对工作人员进行无障碍服务知识与技能培训。

考点 3　无障碍环境建设监督管理

【答案】AB

【解析】选项 C 错误，残疾人联合会、老龄协会等组织根据需要，可以聘请残疾人、老年人代表以及具有相关专业知识的人员，对无障碍环境建设情况进行监督。

选项 D 错误，对违反《无障碍环境建设法》规定损害社会公共利益的行为，人民检察院可以提出检察建议或者提起公益诉讼。

选项 E 错误，乡镇人民政府、街道办事处应当协助有关部门做好无障碍环境建设工作。

第三节　建设单位及相关单位的质量责任和义务

考点 1　建设单位的质量责任和义务

1. 【答案】D

【解析】《建设工程质量管理条例》规定，建设工程发包单位，不得迫使承包方以低于成本的价格竞标，不得任意压缩合理工期。建设单位不得明示或者暗示设计单位或者施工单位违反工程建设强制性标准，降低建设工程质量。

2. 【答案】B

【解析】《建设工程质量管理条例》规定，实行监理的建设工程，建设单位应当委托具有相应资质等级的工程监理单位进行监理，也可以委托具有工程监理相应资质等级并与被监理工程的施工承包单位没有隶属关系或者其他利害关系的该工程的设计单位进行监理。

3. 【答案】B

【解析】《建设工程质量管理条例》规定，房屋建筑使用者在装修过程中，不得擅自变动房屋建筑主体和承重结构。

4. 【答案】ABDE

【解析】《建设工程质量管理条例》规定，下列建设工程必须实行监理：

(1) 国家重点建设工程。

(2) 大中型公用事业工程。

(3) 成片开发建设的住宅小区工程。

(4) 利用外国政府或者国际组织贷款、援助资金的工程。

(5) 国家规定必须实行监理的其他工程。

考点 2　勘察、设计单位的质量责任和义务

1. 【答案】A

【解析】勘察、设计单位相关的质量责任和义务包括以下内容：

(1) 依法承揽勘察、设计业务。

(2) 勘察、设计必须执行强制性标准。

(3) 勘察单位提供的勘察成果必须真实、准确。

(4) 设计文件应当符合国家规定的设计深度要求，注明工程合理使用年限。

(5) 依法规范设计单位对建筑材料等的选用。除有特殊要求的建筑材料、专用设备、工艺生产线等外，设计单位不得指定生产厂、供应商。

(6) 依法对设计文件进行技术交底，设计单位应当就审查合格的施工图设计文件向施工单位作出详细说明。

(7) 依法参与建设工程质量事故分析。

(8) 设计单位的消防设计、施工质量责任与义务。

(9) 勘察、设计单位质量违法行为应承担的法律责任。

该题中，只有选项 A 表述正确。选项 D 中，施工单位进行的安全技术交底与设计单位进行的设计文件技术交底的概念、意义等均不同，不能混为一谈。

2. 【答案】B

【解析】设计单位在设计文件中选用的建筑材料、建筑构配件和设备，应当注明规格、型号、性能等技术指标，其质量要求必须符合国家规定的标准。除有特殊要求的建筑材料、专用设备、工艺生产线等外，设计单位不得指定生产厂、供应商。

3. 【答案】C

【解析】《建设工程质量管理条例》规定，设计单位应当就审查合格的施工图设计文件向施工单位作出详细说明。

4. 【答案】A

【解析】《建设工程质量管理条例》规定，设计单位应当参与建设工程质量事故分析，并对因设计造成的质量事故，提出相应的技术处理方案。

考点 3　工程监理单位的质量责任和义务

1. 【答案】B

【解析】《建设工程监理规范》规定，实施建设工程监理应遵循下列主要依据：

(1) 法律法规及工程建设标准。

(2) 建设工程勘察设计文件。

(3) 建设工程监理合同及其他合同文件。

2. 【答案】D

【解析】未经监理工程师签字，建筑材料、建筑构配件和设备不得在工程上使用或者安装，施工单位不得进行下一道工序的施工。未经总监理工程师签字，建设单位不拨付工程款，不进行竣工验收。

3. 【答案】ABC

【解析】《建设工程质量管理条例》规定，监理工程师应当按照工程监理规范的要求，采取旁站、巡视和平行检验等形式，对建设工程实施监理。

第四节 施工单位的质量责任和义务

考点 1 对施工质量负责和总分包单位的质量责任

1. 【答案】C

【解析】《建设工程质量管理条例》规定，建设工程实行总承包的，总承包单位应当对全部建设工程质量负责；建设工程勘察、设计、施工、设备采购的一项或者多项实行总承包的，总承包单位应当对其承包的建设工程或者采购的设备的质量负责。总承包单位依法将建设工程分包给其他单位的，分包单位应当按照分包合同的约定对其分包工程的质量向总承包单位负责，总承包单位与分包单位对分包工程的质量承担连带责任。

2. 【答案】D

【解析】《建筑法》规定，建筑工程实行总承包的，工程质量由工程总承包单位负责，总承包单位将建筑工程分包给其他单位的，应当对分包工程的质量与分包单位承担连带责任。分包单位应当接受总承包单位的质量管理。

考点 2 按照工程设计图纸和施工技术标准施工

1. 【答案】C

【解析】根据《建设工程质量管理条例》的规定，施工单位必须按照工程设计图纸和施工技术标准施工，不得擅自修改工程设计，不得偷工减料。施工单位在施工过程中发现设计文件和图纸有差错的，应当及时提出意见和建议。

2. 【答案】D

【解析】施工单位在施工过程中发现设计文件和图纸有差错的，应当及时提出意见和建议。

考点 3 建筑材料、设备等的检验检测

1. 【答案】B

【解析】《建设工程质量管理条例》规定，施工单位必须按照工程设计要求、施工技术标准和合同约定，对建筑材料、构配件、设备和商品混凝土进行检验，检验应当有书面记录和专人签字；未经检验或者检验不合格的，不得使用。

2. 【答案】D

【解析】见证人员应由建设单位或该工程的监理单位具备建筑施工试验知识的专业技术人员担任，并应由建设单位或该工程的监理单位书面通知施工单位、检测单位和负责该项工程的质量监督机构。故选项A、B、C的说法错误。

在施工过程中，见证人员应按照见证取样和送检计划，对施工现场的取样和送检进行见证。取样人员应在试样或其包装上作出标识、封志。标识和封志应标明工程名称、取样部位、取样日期、样品名称和样品数量，并由见证人员和取样人员签字。见证人员和取样人员应对试样的代表性和真实性负责，故选项D正确。

3. 【答案】ABCE

【解析】下列试块、试件和材料必须实施见证取样和送检：

（1）用于承重结构的混凝土试块。
（2）用于承重墙体的砌筑砂浆试块。
（3）用于承重结构的钢筋及连接接头试件。
（4）用于承重墙的砖和混凝土小型砌块。
（5）用于拌制混凝土和砌筑砂浆的水泥。
（6）用于承重结构的混凝土中使用的掺加剂。
（7）地下、屋面、厕浴间使用的防水材料。
（8）国家规定必须实行见证取样和送检的其他试块、试件和材料。

4. 【答案】A

【解析】见证取样和送检是指在建设单位或工程监理单位人员的见证下，由施工单位的现场试验人员对工程中涉及结构安全的试块、试件和材料在现场取样，并送至经过省级以上建设行政主管部门对其资质认可和质量技术监督部门对其计量认证的质量检测单位进行检测。

考点 4 施工质量检验和返修

【答案】AD

【解析】隐蔽工程在隐蔽前，施工单位应当通知建设单位和建设工程质量监督机构。

考点 5 建立健全职工教育培训制度

【答案】ACDE

【解析】选项B错误，充分发挥企业技能培训主体作用，推动实现技能培训与现场施工相互促进，鼓励企业和行业协会积极举办各类技能竞赛，以赛促练、以赛促训。

第五节 建设工程竣工验收制度

考点 1 竣工验收的主体和法定条件

1. 【答案】B

【解析】《建设工程质量管理条例》规定，建设工程竣工验收应当具备下列条件：
（1）完成建设工程设计和合同约定的各项内容。
（2）有完整的技术档案和施工管理资料。
（3）有工程使用的主要建筑材料、建筑构配件和设备的进场试验报告。
（4）有勘察、设计、施工、工程监理等单位分别签署的质量合格文件。选项B错误。
（5）有施工单位签署的工程保修书。

2. 【答案】BCD

【解析】《建设工程质量管理条例》规定，建设工程竣工验收应当具备下列条件：
（1）完成建设工程设计和合同约定的各项内容。
（2）有完整的技术档案和施工管理资料。
（3）有工程使用的主要建筑材料、建筑构配件和设备的进场试验报告。
（4）有勘察、设计、施工、工程监理等单位分别签署的质量合格文件。
（5）有施工单位签署的工程保修书。

考点 2 规划、消防、节能和环保验收

1. 【答案】C

【解析】建设单位应当在竣工验收后6个月内向城乡规划主管部门报送有关竣工验收资料。

2. 【答案】B

【解析】根据《消防法》，国务院住房和城乡建设主管部门规定应当申请消防验收的建设工程竣工，建设单位应当向住房和城乡建设主管部门申请消防验收。

3. 【答案】C

【解析】选项A、B错误，县级以上地方人民政府城乡规划主管部门按照国务院规定对建设工程是否符合规划条件予以核实。未经核实或者经核实不符合规划条件的，建设单位不得组织竣工验收。建设单位应当在竣工验收后6个月内向城乡规划主管部门报送有关竣工验收资料。

选项D错误，建设工程竣工后，建设单位应当依法向城乡规划行政主管部门提出竣工规划验收申请，由城乡规划行政主管部门按照选址意见书、建设用地规划许可证、建设工程规划许可证、乡村建设规划许可证及其有关规划的要求，对建设工程进行规划验收，包括对建设用地范围内的各项工程建设情况，建筑物的使用性质、位置、间距、层数、标高、平面、立面、外墙装饰材料和色彩，各类配套服务设施、临时施工用房、施工场地等进行全面核查，并作出验收记录。对于验收合格的，由城乡规划行政主管部门出具规划认可文件或核发建设工程竣工规划验收合格证。

考点 3 竣工验收备案

1. 【答案】A

【解析】建设单位应当自工程竣工验收合格之日起15日内，依照规定，向工程所在地的县级以上地方人民政府建设主管部门备案。

2. 【答案】ABCE

【解析】建设单位办理工程竣工验收备案应当提交下列文件：

(1) 工程竣工验收备案表。
(2) 工程竣工验收报告。
(3) 法律、行政法规规定应当由规划等部门出具的认可文件或者准许使用文件。
(4) 法律规定应当由公安消防部门出具的对大型的人员密集场所和其他特殊建设工程验收合格的证明文件。
(5) 施工单位签署的工程质量保修书。
(6) 法规、规章规定必须提供的其他文件。

3.【答案】A

【解析】选项B错误,《房屋建筑和市政基础设施工程竣工验收备案管理办法》规定,备案机关收到建设单位报送的竣工验收备案文件,验证文件齐全后,应当在工程竣工验收备案表上签署文件收讫。

选项C错误,工程竣工验收备案表一式两份,一份由建设单位保存,一份留备案机关存档。

选项D错误,备案机关决定重新组织竣工验收并责令停止使用的工程,建设单位在备案之前已投入使用或者建设单位擅自继续使用造成使用人损失的,由建设单位依法承担赔偿责任。

考点 4 应提交的档案资料

1.【答案】B

【解析】《建设工程质量管理条例》规定,建设单位应当严格按照国家有关档案管理的规定,及时收集、整理建设项目各环节的文件资料,建立健全建设项目档案,并在建设工程竣工验收后,及时向建设行政主管部门或者其他有关部门移交建设项目档案。

2.【答案】A

【解析】选项B错误,建设单位应当在工程竣工验收后3个月内,向城建档案馆报送一套符合规定的建设工程档案。

选项C错误,《建设工程文件归档规范》规定,勘察、设计、施工、监理等单位应将本单位形成的工程文件立卷后向建设单位移交。

选项D错误,每项建设工程应编制一套电子档案,随纸质档案一并移交城建档案管理机构。电子档案签署了具有法律效力的电子印章或电子签名的,可不移交相应纸质档案。

第六节 建设工程质量保修制度

考点 1 质量保修书和最低保修期限

1.【答案】C

【解析】《建设工程质量管理条例》规定,建设工程承包单位在向建设单位提交工程竣工验收报告时,应当向建设单位出具质量保修书。

2.【答案】ABD

【解析】《建设工程质量管理条例》规定,建设工程承包单位在向建设单位提交工程竣工验收报告时,应当向建设单位出具质量保修书。质量保修书中应当明确建设工程的保修范围、保修期限和保修责任等。

3.【答案】D

【解析】《建设工程质量管理条例》规定,在正常使用条件下,建设工程的最低保修期限为:

(1) 基础设施工程、房屋建筑的地基基础工程和主体结构工程,为设计文件规定的该工程的合理使用年限。
(2) 屋面防水工程、有防水要求的卫生间、房间和外墙面的防渗漏,为5年。
(3) 供热与供冷系统,为2个采暖期、供冷期。
(4) 电气管线、给排水管道、设备安装和装修工程,为2年。

其他项目的保修期限由发包方与承包方约定。

4.【答案】A

【解析】建设工程保修期的起始日是竣工验收合格之日。

5.【答案】D

【解析】《建设工程质量管理条例》规定,在正常使用条件下，建设工程的最低保修期限为：

(1) 基础设施工程、房屋建筑的地基基础工程和主体结构工程，为设计文件规定的该工程的合理使用年限。

(2) 屋面防水工程、有防水要求的卫生间、房间和外墙面的防渗漏，为5年。

(3) 供热与供冷系统，为2个采暖期、供冷期。

(4) 电气管线、给排水管道、设备安装和装修工程，为2年。

其他项目的保修期限由发包方与承包方约定。

6.【答案】ADE

【解析】《建设工程质量管理条例》规定，在正常使用条件下，建设工程的最低保修期限为：

(1) 基础设施工程、房屋建筑的地基基础工程和主体结构工程，为设计文件规定的该工程的合理使用年限。

(2) 屋面防水工程、有防水要求的卫生间、房间和外墙面的防渗漏，为5年。

(3) 供热与供冷系统，为2个采暖期、供冷期。

(4) 电气管线、给排水管道、设备安装和装修工程，为2年。

其他项目的保修期限由发包方与承包方约定。

7.【答案】C

【解析】《建设工程质量管理条例》规定，建设工程在保修范围和保修期限内发生质量问题的，施工单位应当履行保修义务，并对造成的损失承担赔偿责任。

考点 2　工程质量保证金

1.【答案】A

【解析】《建设工程质量保证金管理办法》规定，建设工程质量保证金是指发包人与承包人在建设工程承包合同中约定，从应付的工程款中预留，用以保证承包人在缺陷责任期内对建设工程出现的缺陷进行维修的资金。

2.【答案】ABC

【解析】选项A、B正确，缺陷是指建设工程质量不符合工程建设强制性标准、设计文件，以及承包合同的约定。缺陷责任期一般为1年，最长不超过2年，由发、承包双方在合同中约定。缺陷责任期从工程通过竣工验收之日起计。

由于承包人原因导致工程无法按规定期限进行竣工验收的，缺陷责任期从实际通过竣工验收之日起计。

选项D、E错误，由于发包人原因导致工程无法按规定期限进行竣工验收的，在承包人提交竣工验收报告90天后，工程自动进入缺陷责任期。

3.【答案】B

【解析】发包人应按照合同约定方式预留保证金，保证金总预留比例不得高于工程价款结算总额的3%。合同约定由承包人以银行保函替代预留保证金的，保函金额不得高于工程价款结算总额的3%。

第八章 建设工程环境保护和历史文化遗产保护法律制度

第一节 建设工程环境保护制度

考点 1 建设工程大气污染防治

1. 【答案】B

【解析】暂时不能开工的建设用地，建设单位应当对裸露地面进行覆盖；超过3个月的，应当进行绿化、铺装或者遮盖。

2. 【答案】A

【解析】城市范围内主要路段的施工工地应设置高度不小于2.5m的封闭围挡，一般路段的施工工地应设置高度不小于1.8m的封闭围挡。

3. 【答案】B

【解析】选项B正确，运输煤炭、垃圾、渣土、砂石、土方、灰浆等散装、流体物料的车辆应当采取密闭或者其他措施防止物料遗撒造成扬尘污染，并按照规定路线行驶。装卸物料应当采取密闭或者喷淋等方式防治扬尘污染。贮存煤炭、煤矸石、煤渣、煤灰、水泥、石灰、石膏、砂土等易产生扬尘的物料应当密闭；不能密闭的，应当设置不低于堆放物高度的严密围挡，并采取有效覆盖措施防治扬尘污染。码头、矿山、填埋场和消纳场应当实施分区作业，并采取有效措施防治扬尘污染。

考点 2 建设工程水污染防治

1. 【答案】A

【解析】禁止企业事业单位和其他生产经营者无排污许可证或者违反排污许可证的规定向水体排放废水、污水。根据规定，禁止向水体排放油类、酸液、碱液或者剧毒废液。禁止向水体排放、倾倒工业废渣、城镇垃圾和其他废弃物；在饮用水水源保护区内，禁止设置排污口。禁止利用渗井、渗坑、裂隙、溶洞，私设暗管，篡改、伪造监测数据，或者不正常运行水污染防治设施等逃避监管的方式排放水污染物。

2. 【答案】B

【解析】选项A错误，排水户向城镇排水设施排放污水的，应向城镇排水主管部门申请领取污水排入排水管网许可证。

选项B正确，向城镇污水处理设施排放污水、缴纳污水处理费的，不再缴纳排污费。

选项C错误，排水户应按照污水排入排水管网许可证的规定排放污水。

选项D错误，城镇排水主管部门在审查时应重点考虑影响设施安全运行的事项。

考点 3 建设工程固体废物污染环境防治

【答案】D

【解析】选项A错误，严禁将危险废物和生活垃圾混入建筑垃圾。

选项B错误，鼓励采用现场泥沙分离、泥浆脱水预处理等工艺，减少工程渣土和工程泥浆排放。

选项C错误，鼓励以末端处置为导向对建筑垃圾进行细化分类。

考点 4 建设工程噪声污染防治

1. 【答案】B

【解析】在噪声敏感建筑物集中区域，禁止夜间进行产生噪声的建筑施工作业，但抢修、抢险作业，因生产工艺要求或者其他特殊需要必须连续施工作业的除外。因特殊需要必须连续施工作业的，应当取得地方人民政府住房和城乡建设、生态环境主管部门或者地方人民政府指定的部门的证明，并在施工现场显著位置公示或者以其他方式公告附近居民。

2. 【答案】ACE

【解析】在噪声敏感建筑物集中区域，禁止

夜间进行产生噪声的建筑施工作业，但抢修、抢险作业，因生产工艺要求或者其他特殊需要必须连续施工作业的除外。因特殊需要必须连续施工作业的，应当取得地方人民政府住房和城乡建设、生态环境主管部门或者地方人民政府指定的部门的证明，并在施工现场显著位置公示或者以其他方式公告附近居民。

3. 【答案】ABCD

【解析】《噪声污染防治法》规定，机动车的消声器和喇叭应当符合国家规定。禁止驾驶拆除或者损坏消声器、加装排气管等擅自改装的机动车以轰鸣、疾驶等方式造成噪声污染。机动车应当加强维修和保养，保持性能良好，防止噪声污染。警车、消防救援车、工程救险车、救护车等机动车安装、使用警报器，应当符合国务院公安等部门的规定；非执行紧急任务，不得使用警报器。

4. 【答案】A

【解析】选项B错误，新建、改建、扩建经过噪声敏感建筑物集中区域的高速公路、城市高架、铁路和城市轨道交通线路等的，建设单位应当在可能造成噪声污染的重点路段设置声屏障或者采取其他减少振动、降低噪声的措施，符合有关交通基础设施工程技术规范以及标准要求。

选项C错误，在噪声敏感建筑物集中区域，禁止夜间进行产生噪声的建筑施工作业，但抢修、抢险施工作业，因生产工艺要求或者其他特殊需要必须连续施工作业的除外。

选项D错误，在噪声敏感建筑物集中区域施工作业，应当优先使用低噪声施工工艺和设备。

第二节 施工中历史文化遗产保护制度

考点 1 受法律保护的各类历史文化遗产范围

1. 【答案】A

【解析】选项B错误，与重大历史事件、革命运动或者著名人物有关以及具有重要纪念意义、教育意义或者史料价值的近代现代重要史迹、实物、代表性建筑受国家保护。选项C、D错误，具有科学价值的古脊椎动物化石和古人类化石同文物一样受国家保护。

2. 【答案】D

【解析】下列可移动文物，属于国家所有：

(1) 中国境内出土的文物，国家另有规定的除外。

(2) 国有文物收藏单位以及其他国家机关、部队和国有企业、事业组织等收藏、保管的文物。

(3) 国家征集、购买的文物。

(4) 公民、法人和其他组织捐赠给国家的文物。

(5) 法律规定属于国家所有的其他文物。

3. 【答案】D

【解析】《文物保护法》规定，属于集体所有和私人所有的纪念建筑物、古建筑和祖传文物以及依法取得的其他文物，其所有权受法律保护。文物的所有者必须遵守国家有关文物保护的法律、法规的规定。

考点 2 在各类历史文化遗产保护范围和建设控制地带施工、施工发现文物报告和保护

1. 【答案】B

【解析】在历史文化名城、名镇、名村保护范围内进行下列活动，应当保护其传统格局、历史风貌和历史建筑，制订保护方案，并依照有关法律、法规的规定办理相关手续：

(1) 改变园林绿地、河湖水系等自然状态的活动。

(2) 在核心保护范围内进行影视摄制、举办大型群众性活动。

(3) 其他影响传统格局、历史风貌或者历史建筑的活动。

2. 【答案】D

【解析】《文物保护法》规定，文物保护单位的保护范围内不得进行其他建设工程或者爆破、钻探、挖掘等作业。但是，因特殊情况需

要在文物保护单位的保护范围内进行其他建设工程或者爆破、钻探、挖掘等作业的，必须保证文物保护单位的安全，并经核定公布该文物保护单位的人民政府批准，在批准前应当征得上一级人民政府文物行政部门同意。

在全国重点文物保护单位的保护范围内进行其他建设工程或者爆破、钻探、挖掘等作业的，必须经省、自治区、直辖市人民政府批准，在批准前应当征得国务院文物行政部门同意。

3. 【答案】D

【解析】在历史文化街区、名镇、名村核心保护范围内，不得进行新建、扩建活动。但是，新建、扩建必要的基础设施和公共服务设施除外。

第九章 建设工程劳动保障法律制度

第一节 劳动合同制度

考点 1 劳动合同订立

1. 【答案】C

   【解析】以完成一定工作任务为期限的劳动合同，是指用人单位与劳动者约定以某项工作的完成为合同期限的劳动合同。

2. 【答案】B

   【解析】劳动合同应当具备以下条款：
   （1）用人单位的名称、住所和法定代表人或者主要负责人。
   （2）劳动者的姓名、住址和居民身份证或者其他有效身份证件号码。
   （3）劳动合同期限。
   （4）工作内容和工作地点。
   （5）工作时间和休息休假。
   （6）劳动报酬。
   （7）社会保险。
   （8）劳动保护、劳动条件和职业危害防护。
   （9）法律、法规规定应当纳入劳动合同的其他事项。

3. 【答案】ABE

   【解析】劳动合同应当具备以下条款：
   （1）用人单位的名称、住所和法定代表人或者主要负责人。
   （2）劳动者的姓名、住址和居民身份证或者其他有效身份证件号码。
   （3）劳动合同期限。
   （4）工作内容和工作地点。
   （5）工作时间和休息休假。
   （6）劳动报酬。
   （7）社会保险。
   （8）劳动保护、劳动条件和职业危害防护。
   （9）法律、法规规定应当纳入劳动合同的其他事项。

4. 【答案】BCD

   【解析】用人单位与劳动者可以约定试用期、培训、保守秘密、补充保险和福利待遇等其他事项。

5. 【答案】A

   【解析】用人单位自用工之日起即与劳动者建立劳动关系。《劳动合同法》规定，建立劳动关系，应当订立书面劳动合同。

6. 【答案】A

   【解析】劳动合同仅约定试用期的，试用期不成立，该期限为劳动合同期限。

7. 【答案】BDE

   【解析】劳动合同期限3个月以上不满1年的，试用期不得超过1个月；劳动合同期限1年以上不满3年的，试用期不得超过2个月；3年以上固定期限和无固定期限的劳动合同，试用期不得超过6个月。同一用人单位与同一劳动者只能约定1次试用期。以完成一定工作任务为期限的劳动合同或者劳动合同期限不满3个月的，不得约定试用期。试用期包含在劳动合同期限内。劳动合同仅约定试用期的，试用期不成立，该期限为劳动合同期限。

8. 【答案】D

   【解析】劳动合同期限3个月以上不满1年的，试用期不得超过1个月；劳动合同期限1年以上不满3年的，试用期不得超过2个月；3年以上固定期限和无固定期限的劳动合同，试用期不得超过6个月。因此，选项D为正确答案。

9. 【答案】B

   【解析】《劳动法合同》第26条规定，下列劳动合同无效或者部分无效：
   （1）以欺诈、胁迫的手段或者乘人之危，使对方在违背真实意思的情况下订立或者变更劳动合同的。

（2）用人单位免除自己的法定责任、排除劳动者权利的。
（3）违反法律、行政法规强制性规定的。

10.【答案】AB
【解析】《劳动法》第26条规定，下列劳动合同无效或者部分无效：
（1）以欺诈、胁迫的手段或者乘人之危，使对方在违背真实意思的情况下订立或者变更劳动合同的。
（2）用人单位免除自己的法定责任、排除劳动者权利的。
（3）违反法律、行政法规强制性规定的。

11.【答案】A
【解析】劳动合同期限3个月以上不满1年的，试用期不得超过1个月；劳动合同期限1年以上不满3年的，试用期不得超过2个月；3年以上固定期限和无固定期限的劳动合同，试用期不得超过6个月。同一用人单位与同一劳动者只能约定1次试用期。劳动合同仅约定试用期的，试用期不成立，该期限为劳动合同期限。

12.【答案】D
【解析】劳动合同期限3个月以上不满1年的，试用期不得超过1个月；劳动合同期限1年以上不满3年的，试用期不得超过2个月；3年以上固定期限和无固定期限的劳动合同，试用期不得超过6个月。同一用人单位与同一劳动者只能约定1次试用期。劳动合同仅约定试用期的，试用期不成立，该期限为劳动合同期限。

考点 2 劳动合同的履行和变更

1.【答案】ABDE
【解析】用人单位变更名称、法定代表人、主要负责人或者投资人等事项，不影响劳动合同的履行。

2.【答案】B
【解析】选项A错误，用人单位变更名称、法定代表人、主要负责人或者投资人等事项，不影响劳动合同的履行。

选项B正确，用人单位以暴力、威胁或者非法限制人身自由的手段强迫劳动者劳动的，或者用人单位违章指挥、强令冒险作业危及劳动者人身安全的，劳动者可以立即解除劳动合同，不需要事先告知用人单位。

选项C错误，用人单位拖欠或者未足额支付劳动报酬的，劳动者可以依法向当地人民法院申请支付令，人民法院应当依法发出支付令。

选项D错误，用人单位发生合并或者分立等情况，原劳动合同继续有效，劳动合同由承继其权利和义务的用人单位继续履行。

考点 3 劳动合同的解除和终止

1.【答案】C
【解析】在试用期内，劳动者可解除劳动合同，但应当提前3日通知用人单位。

2.【答案】C
【解析】在试用期内，劳动者提前3日以书面形式通知用人单位，可以解除劳动合同。转正以后，劳动者提前30日以书面形式通知用人单位，可以解除劳动合同。本题中，试用期为3个月，则转正时间为9月10日，小李于8月17日拟解除劳动合同，处于试用期内，因此应提前3日以书面形式通知用人单位。

3.【答案】D
【解析】《劳动合同法》规定，劳动者提前30日以书面形式通知用人单位，可以解除劳动合同。

4.【答案】ADE
【解析】劳动者解除劳动合同，应当提前30日以书面形式通知用人单位，试用期内提前3日通知用人单位。但是，用人单位以暴力、威胁或者非法限制人身自由的手段强迫劳动者劳动的，或者用人单位违章指挥、强令冒险作业危及劳动者人身安全的，劳动者可以立即解除劳动合同，不需要事先告知用人单位。

5.【答案】ABE

【解析】《劳动合同法》规定，劳动者有下列情形之一的，用人单位可以解除劳动合同：
(1) 在试用期间被证明不符合录用条件的。
(2) 严重违反用人单位的规章制度的。
(3) 严重失职，营私舞弊，给用人单位造成重大损害的。
(4) 劳动者同时与其他用人单位建立劳动关系，对完成本单位的工作任务造成严重影响，或者经用人单位提出，拒不改正的。
(5) 因《劳动合同法》第 26 条第 1 款第 1 项规定的情形致使劳动合同无效的。
(6) 被依法追究刑事责任的。

6.【答案】BDE
【解析】《劳动合同法》规定，有下列情形之一的，用人单位提前 30 日以书面形式通知劳动者本人或者额外支付劳动者 1 个月工资后，可以解除劳动合同：
(1) 劳动者患病或者非因工负伤，在规定的医疗期满后不能从事原工作，也不能从事由用人单位另行安排的工作的。
(2) 劳动者不能胜任工作，经过培训或者调整工作岗位，仍不能胜任工作的。
(3) 劳动合同订立时所依据的客观情况发生重大变化，致使劳动合同无法履行，经用人单位与劳动者协商，未能就变更劳动合同内容达成协议的。

7.【答案】ABE
【解析】根据《劳动合同法》规定，劳动合同可以约定试用期，试用期最长不得超过 6 个月。
劳动者有下列情形之一的，用人单位可以解除劳动合同：
(1) 在试用期间被证明不符合录用条件的。
(2) 严重违反用人单位的规章制度的。
(3) 严重失职，营私舞弊，给用人单位造成重大损害的。
(4) 劳动者同时与其他用人单位建立劳动关系，对完成本单位的工作任务造成严重影响，或者经用人单位提出，拒不改正的。
(5) 因《劳动合同法》第 26 条第 1 款第 1

项规定的情形致使劳动合同无效的。
(6) 被依法追究刑事责任的。

第二节　劳动用工和工资支付保障

考点 1　劳动用工管理

1.【答案】B
【解析】劳务派遣用工是补充形式，只能在临时性、辅助性或者替代性的工作岗位上实施。

2.【答案】B
【解析】《劳动合同法》规定，劳务派遣单位应当与被派遣劳动者订立 2 年以上的固定期限劳动合同，按月支付劳动报酬；被派遣劳动者在无工作期间，劳务派遣单位应当按照所在地人民政府规定的最低工资标准，向其按月支付报酬。

3.【答案】B
【解析】被派遣劳动者在用工单位因工作遭受事故伤害的，劳务派遣单位应当依法申请工伤认定，用工单位应当协助工伤认定的调查核实工作。

4.【答案】A
【解析】选项 B 错误，劳务派遣是一种特殊的用工方式，与传统的双方当事人之间通过劳动合同建立的直接用工关系不同，劳务派遣涉及劳务派遣单位、用工单位和被派遣劳动者三方主体，形成特殊的三方法律关系。在三方主体的法律关系中存在着两种合同关系，一种是劳务派遣单位与用工单位之间订立的劳务派遣协议，另一种是派遣单位与被派遣劳动者之间订立的劳动合同。可以简称为"两种合同，三方主体"。
选项 C 错误，劳务派遣是指依法设立的劳务派遣机构（派遣单位）与接受派遣的单位（用工单位）订立劳务派遣协议，约定由派遣单位根据用工单位的用工需求招聘劳动者，并把劳动者派到用工单位去劳动的一种用工形式。劳务派遣用工属于补充形式，只能在临时性、辅助性或替代性的工作岗位上实施。

选项 D 错误，根据《劳务派遣暂行规定》，劳务派遣单位可以依法与被派遣劳动者约定试用期。劳务派遣单位与同一被派遣劳动者只能约定一次试用期。

考点 2　工资支付保障

1. 【答案】C

【解析】选项 C 错误，实行月、周、日、小时工资制的，按照月、周、日、小时为周期支付工资；实行计件工资制的，工资支付周期由双方依法约定。

2. 【答案】D

【解析】选项 A 错误，《劳动法》规定，国家实行最低工资保障制度。最低工资的具体标准由省、自治区、直辖市人民政府规定，报国务院备案。

选项 B、C 错误，在劳动者提供正常劳动的情况下，用人单位应支付给劳动者的工资在剔除下列各项以后，不得低于当地最低工资标准：
(1) 延长工作时间工资。
(2) 中班、夜班、高温、低温、井下、有毒有害等特殊工作环境、条件下的津贴。
(3) 法律、法规和国家规定的劳动者福利待遇等。

3. 【答案】DE

【解析】选项 A 错误，劳动关系双方依法解除或终止劳动合同时，用人单位应在解除或终止劳动合同时一次付清劳动者工资。

选项 B 错误，劳动者在法定工作时间内依法参加社会活动期间，用人单位应视同其提供了正常劳动而支付工资。

选项 C 错误，法定休假节日安排劳动者工作的，按照不低于劳动合同规定的劳动者本人日或小时工资标准的 300% 支付劳动者工资。

第三节　劳动安全卫生和保护

考点 1　劳动安全卫生

【答案】BCDE

【解析】《职业病防治法》规定，用人单位应当采取下列职业病防治管理措施：
(1) 设置或者指定职业卫生管理机构或者组织，配备专职或者兼职的职业卫生管理人员，负责本单位的职业病防治工作。
(2) 制定职业病防治计划和实施方案。
(3) 建立、健全职业卫生管理制度和操作规程。
(4) 建立、健全职业卫生档案和劳动者健康监护档案。
(5) 建立、健全工作场所职业病危害因素监测及评价制度。
(6) 建立、健全职业病危害事故应急救援预案。

考点 2　劳动保护

1. 【答案】C

【解析】小刚未满 17 岁，属于未成年工。根据《劳动法》，不得安排未成年工从事矿山井下、有毒有害、国家规定的第四级体力劳动强度的劳动和其他禁忌从事的劳动。

2. 【答案】C

【解析】女职工在经期禁忌从事的劳动范围有：
(1) 冷水作业分级标准中规定的第二级、第三级、第四级冷水作业。
(2) 低温作业分级标准中规定的第二级、第三级、第四级低温作业。
(3) 体力劳动强度分级标准中规定的第三级、第四级体力劳动强度的作业。
(4) 高处作业分级标准中规定的第三级、第四级高处作业。

3. 【答案】B

【解析】选项 A 错误，对怀孕 7 个月以上的女职工，用人单位不得延长劳动时间或者安排夜班劳动，并应当在劳动时间内安排一定的休息时间。

选项 B 正确，女职工禁忌从事的劳动范围有：①矿山井下作业；②体力劳动强度分级标准中规定的第四级体力劳动强度的作业；

③每小时负重6次以上、每次负重超过20公斤的作业，或者间断负重、每次负重超过25公斤的作业。

选项C错误，用人单位不得因女职工怀孕、生育、哺乳降低其工资、予以辞退、与其解除劳动或者聘用合同。

选项D错误，怀孕女职工在劳动时间内进行产前检查，所需时间计入劳动时间。

第四节 工伤保险制度

考点 1 工伤认定

1.【答案】ABCE

【解析】职工有下列情形之一的，应当认定为工伤：

(1) 在工作时间和工作场所内，因工作原因受到事故伤害的。

(2) 工作时间前后在工作场所内，从事与工作有关的预备性或者收尾性工作受到事故伤害的。

(3) 在工作时间和工作场所内，因履行工作职责受到暴力等意外伤害的。

(4) 患职业病的。

(5) 因工外出期间，由于工作原因受到伤害或者发生事故下落不明的。

(6) 在上下班途中，受到非本人主要责任的交通事故或者城市轨道交通、客运轮渡、火车事故伤害的。

(7) 法律、行政法规规定应当认定为工伤的其他情形。

2.【答案】B

【解析】职工有下列情形之一的，应当认定为工伤：

(1) 在工作时间和工作场所内，因工作原因受到事故伤害的。选项A不符合题意。

(2) 工作时间前后在工作场所内，从事与工作有关的预备性或者收尾性工作受到事故伤害的。

(3) 在工作时间和工作场所内，因履行工作职责受到暴力等意外伤害的。

(4) 患职业病的。

(5) 因工外出期间，由于工作原因受到伤害或者发生事故下落不明的。选项C不符合题意。

(6) 在上下班途中，受到非本人主要责任的交通事故或者城市轨道交通、客运轮渡、火车事故伤害的。选项D不符合题意。

(7) 法律、行政法规规定应当认定为工伤的其他情形。

职工符合以上的规定，但是有下列情形之一的，不得认定为工伤或者视同工伤：

(1) 故意犯罪的。

(2) 醉酒或者吸毒的。

(3) 自残或者自杀的。

职工有下列情形之一的，视同工伤：

(1) 在工作时间和工作岗位，突发疾病死亡或者在48小时之内经抢救无效死亡的。选项B符合题意。

(2) 在抢险救灾等维护国家利益、公共利益活动中受到伤害的。

(3) 职工原在军队服役，因战、因公负伤致残，已取得革命伤残军人证，到用人单位后旧伤复发的。

3.【答案】B

【解析】职工有下列情形之一的，不得认定为工伤或者视同工伤：

(1) 故意犯罪的。

(2) 醉酒或者吸毒的。

(3) 自残或者自杀的。

4.【答案】D

【解析】职工或者其近亲属认为是工伤，用人单位不认为是工伤的，由用人单位承担举证责任。

考点 2 工伤保险待遇

1.【答案】A

【解析】职工因工作遭受事故伤害或者患职业病需要暂停工作接受工伤医疗的，在停工留薪期内，原工资福利待遇不变，由所在单位按月支付。停工留薪期一般不超过12个月，伤情严重或者情况特殊时，经设区的市级劳动能力鉴定委员会确认，可以适当延长，但延长不得超过12个月。

2.【答案】D

【解析】职工因工致残被鉴定为一级至四级伤残的，保留劳动关系，退出工作岗位，享受以下待遇：

（1）从工伤保险基金按伤残等级支付一次性伤残补助金，标准为：一级伤残为27个月的本人工资，二级伤残为25个月的本人工资，三级伤残为23个月的本人工资，四级伤残为21个月的本人工资。

（2）从工伤保险基金按月支付伤残津贴，标准为：一级伤残为本人工资的90%，二级伤残为本人工资的85%，三级伤残为本人工资的80%，四级伤残为本人工资的75%。伤残津贴实际金额低于当地最低工资标准的，由工伤保险基金补足差额。

（3）工伤职工达到退休年龄并办理退休手续后，停发伤残津贴，按照国家有关规定享受基本养老保险待遇。基本养老保险待遇低于伤残津贴的，由工伤保险基金补足差额。

职工因工致残被鉴定为一级至四级伤残的，由用人单位和职工个人以伤残津贴为基数，缴纳基本医疗保险费。

第五节 劳动争议的解决

考点 1 劳动争议调解

1.【答案】ACE

【解析】根据《最高人民法院关于审理劳动争议案件适用法律问题的解释（一）》，劳动者与用人单位之间发生的下列纠纷，属于劳动争议，当事人不服劳动争议仲裁机构作出的裁决，依法提起诉讼的，人民法院应予受理：

（1）劳动者与用人单位在履行劳动合同过程中发生的纠纷。

（2）劳动者与用人单位之间没有订立书面劳动合同，但已形成劳动关系后发生的纠纷。

（3）劳动者与用人单位因劳动关系是否已经解除或者终止，以及应否支付解除或者终止劳动关系经济补偿金发生的纠纷。

（4）劳动者与用人单位解除或者终止劳动关系后，请求用人单位返还其收取的劳动合同定金、保证金、抵押金、抵押物发生的纠纷，或者办理劳动者的人事档案、社会保险关系等移转手续发生的纠纷。

（5）劳动者以用人单位未为其办理社会保险手续，且社会保险经办机构不能补办导致其无法享受社会保险待遇为由，要求用人单位赔偿损失发生的纠纷。

（6）劳动者退休后，与尚未参加社会保险统筹的原用人单位因追索养老金、医疗费、工伤保险待遇和其他社会保险待遇而发生的纠纷。

（7）劳动者因为工伤、职业病，请求用人单位依法给予工伤保险待遇发生的纠纷。

（8）劳动者依据《劳动合同法》第85条规定，要求用人单位支付加付赔偿金发生的纠纷。

（9）因企业自主进行改制发生的纠纷。

我国境内的用人单位与劳动者发生的下列劳动争议，适用《劳动争议调解仲裁法》：

（1）因确认劳动关系发生的争议。

（2）因订立、履行、变更、解除和终止劳动合同发生的争议。

（3）因除名、辞退和辞职、离职发生的争议。

（4）因工作时间、休息休假、社会保险、福利、培训以及劳动保护发生的争议。

（5）因劳动报酬、工伤医疗费、经济补偿或者赔偿金等发生的争议。

（6）法律、法规规定的其他劳动争议。

下列纠纷不属于劳动争议：

（1）劳动者请求社会保险经办机构发放社会保险金的纠纷。

（2）劳动者与用人单位因住房制度改革产生的公有住房转让纠纷。

（3）劳动者对劳动能力鉴定委员会的伤残等

级鉴定结论或者对职业病诊断鉴定委员会的职业病诊断鉴定结论的异议纠纷。
(4) 家庭或者个人与家政服务人员之间的纠纷。
(5) 个体工匠与帮工、学徒之间的纠纷。
(6) 农村承包经营户与受雇人之间的纠纷。
选项 D 属于实习关系,不属于劳动合同关系。

2. 【答案】AE
【解析】根据《最高人民法院关于审理劳动争议案件适用法律问题的解释(一)》,劳动者与用人单位之间发生的下列纠纷,属于劳动争议,当事人不服劳动争议仲裁机构作出的裁决,依法提起诉讼的,人民法院应予受理:
(1) 劳动者与用人单位在履行劳动合同过程中发生的纠纷。
(2) 劳动者与用人单位之间没有订立书面劳动合同,但已形成劳动关系后发生的纠纷。
(3) 劳动者与用人单位因劳动关系是否已经解除或者终止,以及应否支付解除或者终止劳动关系经济补偿金发生的纠纷。
(4) 劳动者与用人单位解除或者终止劳动关系后,请求用人单位返还其收取的劳动合同定金、保证金、抵押金、抵押物发生的纠纷,或者办理劳动者的人事档案、社会保险关系等移转手续发生的纠纷。
(5) 劳动者以用人单位未为其办理社会保险手续,且社会保险经办机构不能补办导致其无法享受社会保险待遇为由,要求用人单位赔偿损失发生的纠纷。
(6) 劳动者退休后,与尚未参加社会保险统筹的原用人单位因追索养老金、医疗费、工伤保险待遇和其他社会保险待遇而发生的纠纷。
(7) 劳动者因为工伤、职业病,请求用人单位依法给予工伤保险待遇发生的纠纷。
(8) 劳动者依据《劳动合同法》第85条规定,要求用人单位支付加付赔偿金发生的纠纷。

(9) 因企业自主进行改制发生的纠纷。
我国境内的用人单位与劳动者发生的下列劳动争议,适用《劳动争议调解仲裁法》:
(1) 因确认劳动关系发生的争议。
(2) 因订立、履行、变更、解除和终止劳动合同发生的争议。
(3) 因除名、辞退和辞职、离职发生的争议。
(4) 因工作时间、休息休假、社会保险、福利、培训以及劳动保护发生的争议。
(5) 因劳动报酬、工伤医疗费、经济补偿或者赔偿金等发生的争议。
(6) 法律、法规规定的其他劳动争议。
下列纠纷不属于劳动争议:
(1) 劳动者请求社会保险经办机构发放社会保险金的纠纷。
(2) 劳动者与用人单位因住房制度改革产生的公有住房转让纠纷。
(3) 劳动者对劳动能力鉴定委员会的伤残等级鉴定结论或者对职业病诊断鉴定委员会的职业病诊断鉴定结论的异议纠纷。
(4) 家庭或者个人与家政服务人员之间的纠纷。
(5) 个体工匠与帮工、学徒之间的纠纷。
(6) 农村承包经营户与受雇人之间的纠纷。

3. 【答案】D
【解析】选项 A 错误,解决劳动争议,应当根据事实,遵循合法、公正、及时、着重调解的原则,依法保护当事人的合法权益。劳动争议处理原则包括三个方面:
(1) 坚持根据事实、实事求是,一切从具体实际出发。
(2) 坚持合法处理、维护公平,依法保护当事人的合法权益。
(3) 坚持高效便捷、及时调解,提高劳动争议处理的质效。
选项 B 错误,劳动争议调解程序的启动有两种方式:一是当事人申请;二是调解委员会主动调解。
选项 C 错误,企业劳动争议调解委员会由职工代表和企业代表组成。

考点 2　劳动争议仲裁

1. 【答案】B

   【解析】劳动争议仲裁委员会由劳动行政部门代表、工会代表和企业方面代表组成。

2. 【答案】B

   【解析】仲裁庭裁决劳动争议案件，应当自劳动争议仲裁委员会受理仲裁申请之日起45日内结束。

3. 【答案】D

   【解析】劳动争议申请仲裁的时效期间为1年，其仲裁时效期间从当事人知道或者应当知道其权利被侵害之日起计算。

4. 【答案】D

   【解析】选项A错误，劳动者申请先予执行的，可以不提供担保。

   选项B错误，仲裁庭对追索劳动报酬、工伤医疗费、经济补偿或者赔偿金的案件，根据当事人的申请，可以裁决先予执行，移送人民法院执行。

   选项C错误，裁决应当按照多数仲裁员的意见作出，少数仲裁员的不同意见应当记入笔录。仲裁庭不能形成多数意见时，裁决应当按照首席仲裁员的意见作出。

第十章　建设工程争议解决法律制度

第一节　建设工程争议和解、调解制度

考点 1　和解

1. 【答案】A

【解析】当事人达成和解协议，撤回仲裁申请后反悔的，可以根据仲裁协议申请仲裁。

2. 【答案】A

【解析】仲裁案件当事人可以在仲裁中达成和解。《仲裁法》规定，当事人达成和解协议的，可以请求仲裁庭根据和解协议作出裁决书，也可以撤回仲裁申请。当事人达成和解协议，撤回仲裁申请后反悔的，可以根据仲裁协议申请仲裁。

考点 2　调解

1. 【答案】C

【解析】选项A错误，经人民调解委员会调解达成调解协议的，可以制作调解协议书。选项B错误，人民法院依法确认调解协议无效的，当事人可以通过人民调解方式变更原调解协议或者达成新的调解协议，也可以向人民法院提起诉讼。选项D错误，当事人就调解协议的履行或者调解协议的内容发生争议的，一方当事人可以向法院提起诉讼。

2. 【答案】A

【解析】根据《仲裁法》的规定，调解达成协议的，仲裁庭应当制作调解书或者根据协议的结果制作裁决书。调解书与裁决书具有同等法律效力。调解书经双方当事人签收后，即发生法律效力。在调解书签收前当事人反悔的，仲裁庭应当及时作出裁决。

3. 【答案】AB

【解析】下列案件调解达成协议，人民法院可以不制作调解书：
（1）调解和好的离婚案件。

（2）调解维持收养关系的案件。
（3）能够即时履行的案件。
（4）其他不需要制作调解书的案件。
对不需要制作调解书的协议，应当记入笔录，由双方当事人、审判人员、书记员签名或者盖章后，即具有法律效力。

第二节　仲裁制度

考点 1　仲裁协议

1. 【答案】D

【解析】选项A错误，当事人向人民法院申请确认仲裁协议效力的案件，由仲裁协议约定的仲裁机构所在地的中级人民法院管辖；仲裁协议约定的仲裁机构不明确的，由仲裁协议签订地或者被申请人住所地的中级人民法院管辖。
选项B错误、选项D正确，仲裁机构对仲裁协议的效力作出决定后，当事人向人民法院申请确认仲裁协议效力或者申请撤销仲裁机构的决定的，人民法院不予受理。
选项C错误，当事人在仲裁庭首次开庭前没有对仲裁协议的效力提出异议，而后向人民法院申请确认仲裁协议无效的，人民法院不予受理。

2. 【答案】A

【解析】当事人达成仲裁协议，一方向人民法院起诉未声明有仲裁协议，人民法院受理后，另一方在首次开庭前提交仲裁协议的，人民法院应当驳回起诉，但仲裁协议无效的除外。

3. 【答案】D

【解析】合法有效的仲裁协议应当具有下列法定内容：
（1）请求仲裁的意思表示。
（2）仲裁事项。

(3) 选定的仲裁委员会。

考点 2　仲裁的申请和受理

1.【答案】D
【解析】当事人申请仲裁,应当符合的条件有:
(1) 有仲裁协议。
(2) 有具体的仲裁请求和事实、理由。
(3) 属于仲裁委员会的受理范围。
仲裁委员会收到仲裁申请书之日起5日内经审查认为符合受理条件的,应当受理,并通知当事人;认为不符合受理条件的,应当书面通知当事人不予受理,并说明理由。

2.【答案】ABC
【解析】当事人申请仲裁应当符合下列条件:
(1) 有仲裁协议。
(2) 有具体的仲裁请求和事实、理由。
(3) 属于仲裁委员会的受理范围。

考点 3　仲裁庭的组成、开庭和裁决

1.【答案】A
【解析】《仲裁法》规定,仲裁庭可以由3名仲裁员或者1名仲裁员组成。由3名仲裁员组成的合议仲裁庭,设首席仲裁员。
当事人约定由3名仲裁员组成仲裁庭的,应当各自选定或者各自委托仲裁委员会主任指定1名仲裁员,第三名仲裁员由当事人共同选定或者共同委托仲裁委员会主任指定。第三名仲裁员是首席仲裁员。
当事人约定由1名仲裁员成立仲裁庭的,应当由当事人共同选定或者共同委托仲裁委员会主任指定仲裁员。

2.【答案】ABC
【解析】选项A正确,被申请人经书面通知,无正当理由不到庭或者未经仲裁庭许可中途退庭的,可以缺席裁决。
选项B正确,当事人应当对自己的主张提供证据。
选项C正确,证据应当在开庭时出示,当事人可以质证。

选项D错误,仲裁庭认为有必要收集的证据,可以自行收集。
选项E错误,当事人申请证据保全的,仲裁委员会应当将当事人的申请提交证据所在地的基层人民法院。

3.【答案】A
【解析】根据《仲裁法》的规定,仲裁裁决应当按照多数仲裁员的意见作出,少数仲裁员的不同意见可以记入笔录。仲裁庭无法形成多数意见时,按照首席仲裁员的意见作出。

4.【答案】D
【解析】对依法设立的仲裁机构的裁决,一方当事人不履行的,对方当事人可以向有管辖权的人民法院申请执行。受申请的人民法院应当执行。当事人申请执行仲裁裁决案件,由被执行人住所地或者被执行的财产所在地的中级人民法院管辖。

5.【答案】A
【解析】被申请人提出证据证明裁决有下列情形之一的,经人民法院组成合议庭审查核实,裁定不予执行:
(1) 当事人在合同中没有仲裁条款或者事后没有达成书面仲裁协议的。
(2) 裁决的事项不属于仲裁协议的范围或者仲裁机构无权仲裁的。
(3) 仲裁庭的组成或者仲裁的程序违反法定程序的。
(4) 裁决所根据的证据是伪造的。
(5) 对方当事人向仲裁机构隐瞒了足以影响公正裁决的证据的。
(6) 仲裁员在仲裁该案时有索贿受贿、徇私舞弊、枉法裁决行为的。
仲裁协议包括合同中订立的仲裁条款和其他以书面形式在纠纷发生前或者纠纷发生后达成的请求仲裁的协议。

6.【答案】ABCE
【解析】当事人提出证据证明裁决有下列情形之一的,可以向仲裁委员会所在地的中级人民法院申请撤销裁决:

(1) 没有仲裁协议的。
(2) 裁决的事项不属于仲裁协议的范围或者仲裁委员会无权仲裁的。
(3) 仲裁庭的组成或者仲裁的程序违反法定程序的。
(4) 裁决所根据的证据是伪造的。
(5) 对方当事人隐瞒了足以影响公正裁决的证据的。
(6) 仲裁员在仲裁该案时有索贿受贿、徇私舞弊、枉法裁决行为的。

人民法院经组成合议庭审查核实裁决有上述规定情形之一的,应当裁定撤销。人民法院认定该裁决违背社会公共利益的,应当裁定撤销。

第三节 民事诉讼制度

考点 1 民事诉讼的法院管辖

1. 【答案】C

【解析】《民事诉讼法》规定,对公民提起的民事诉讼,由被告住所地人民法院管辖;被告住所地与经常居住地不一致的,由经常居住地人民法院管辖。

同一诉讼的几个被告住所地、经常居住地在两个以上人民法院辖区的,各人民法院都有管辖权。

根据《最高人民法院关于适用〈中华人民共和国民事诉讼法〉的解释》规定,公民住所地是指公民的户籍所在地,公民的经常居住地是指公民离开住所地至起诉时已连续居住1年以上的地方,但公民住院就医的地方除外。

2. 【答案】D

【解析】《民事诉讼法》规定,对公民提起的民事诉讼,由被告住所地人民法院管辖;被告住所地与经常居住地不一致的,由经常居住地人民法院管辖。

根据《民诉法解释》规定,公民住所地是指公民的户籍所在地,公民的经常居住地是指公民离开住所地至起诉时已连续居住1年以上的地方,但公民住院就医的地方除外。

3. 【答案】C

【解析】根据《民事诉讼法》及《民诉法解释》,下列案件由人民法院专属管辖:

(1) 不动产纠纷提起的诉讼,由不动产所在地人民法院管辖;农村土地承包经营合同纠纷、房屋租赁合同纠纷、建设工程施工合同纠纷、政策性房屋买卖合同纠纷,按照不动产纠纷确定管辖。不动产已登记的,以不动产登记簿记载的所在地为不动产所在地;不动产未登记的,以不动产实际所在地为不动产所在地。

(2) 因港口作业中发生纠纷提起的诉讼,由港口所在地人民法院管辖。

(3) 因继承遗产纠纷提起的诉讼,由被继承人死亡时住所地或者主要遗产所在地人民法院管辖。

4. 【答案】B

【解析】《民事诉讼法》规定,因合同纠纷提起的诉讼,由被告住所地或者合同履行地人民法院管辖。

5. 【答案】BCD

【解析】选项A属于移送管辖。人民法院发现受理的案件不属于本院管辖的,应当移送有管辖权的人民法院,受移送的人民法院应当受理。受移送的人民法院认为受移送的案件依照规定不属于本院管辖的,应当报请上级人民法院指定管辖,不得再自行移送。

管辖权转移,是指上级人民法院有权审理下级人民法院管辖的第一审民事案件;确有必要将本院管辖的第一审民事案件交下级人民法院审理的,应当报请其上级人民法院批准。

选项E错误,协议管辖中,当事人选择法院时,不得违反级别管辖和专属管辖的规定。

考点 2 民事审判组织、诉讼参加人

1. 【答案】D

【解析】下列人员可以被委托为诉讼代理人:
(1) 律师、基层法律服务工作者。
(2) 当事人的近亲属或者工作人员。
(3) 当事人所在社区、单位以及有关社会团体推荐的公民。

2.【答案】BD

【解析】《民事诉讼法》规定，对当事人双方的诉讼标的，第三人认为有独立请求权的，有权提起诉讼。对当事人双方的诉讼标的，第三人虽然没有独立请求权，但案件处理结果同他有法律上的利害关系的，可以申请参加诉讼，或者由人民法院通知他参加诉讼。

考点 3　民事诉讼证据的种类、保全和应用

1.【答案】C

【解析】根据《民事诉讼法》，证据包括当事人的陈述、书证、物证、视听资料、电子数据、证人证言、鉴定意见、勘验笔录。

2.【答案】C

【解析】下列证据不能单独作为认定案件事实的根据：
（1）当事人的陈述。
（2）无民事行为能力人或者限制民事行为能力人所作的与其年龄、智力状况或者精神健康状况不相当的证言。
（3）与一方当事人或者其代理人有利害关系的证人陈述的证言。
（4）存有疑点的视听资料、电子数据。
（5）无法与原件、原物核对的复制件、复制品。

3.【答案】A

【解析】下列证据不能单独作为认定案件事实的根据：
（1）当事人的陈述。
（2）无民事行为能力人或者限制民事行为能力人所作的与其年龄、智力状况或者精神健康状况不相当的证言。
（3）与一方当事人或者其代理人有利害关系的证人陈述的证言。
（4）存有疑点的视听资料、电子数据。
（5）无法与原件、原物核对的复制件、复制品。

考点 4　民事诉讼时效

1.【答案】C

【解析】普通诉讼时效为3年，如果承包商一直没有提出索要工程款的要求，业主也没有主动提出同意支付工程款，则截止于2024年1月1日，承包商丧失胜诉权。

2.【答案】D

【解析】诉讼时效是指权利人在法定期间内不行使权力，即丧失请求人民法院保护的权利。本题中，诉讼时效为普通诉讼时效，为3年，该时效自施工单位知道或应当知道其权益受到侵害之日起计算，即2023年4月2日。此后，施工单位于2023年8月1日致函建设单位要求付款，属于诉讼时效中断，从中断时起，诉讼时效期间重新计算。

3.【答案】B

【解析】《民法典》规定，诉讼时效期间自权利人知道或者应当知道权利受到损害以及义务人之日起计算。

4.【答案】C

【解析】《民法典》规定，在诉讼时效期间的最后6个月内，因不可抗力或者其他障碍不能行使请求权的，诉讼时效中止。从中止时效的原因消除之日起，诉讼时效期间继续计算。《民法典》还规定，有下列情形之一的，诉讼时效中断，从中断、有关程序终结时起，诉讼时效期间重新起算：
（1）权利人向义务人提出履行请求。
（2）义务人同意履行义务。
（3）权利人提起诉讼或者申请仲裁。
（4）与提起诉讼或者申请仲裁具有同等效力的其他情形。

5.【答案】ACD

【解析】选项B错误，权利人向义务人提出履行请求的，属于诉讼时效中断的情形。
选项E错误，因权利人提起诉讼或者申请仲裁的，属于诉讼时效中断的情形。

考点 5　民事诉讼的审判程序

1.【答案】D

【解析】当事人申请再审，应当在判决、裁定发生法律效力后6个月内提出，选项D错误。

2. 【答案】A

【解析】当事人不服地方人民法院第一审判决的，有权在判决书送达之日起15日内向上一级人民法院提起上诉；不服地方人民法院第一审裁定的，有权在裁定书送达之日起10日内向上一级人民法院提起上诉。

3. 【答案】BDE

【解析】当事人的申请符合下列情形之一的，人民法院应当再审：

（1）有新的证据，足以推翻原判决、裁定的。

（2）原判决、裁定认定的基本事实缺乏证据证明的。

（3）原判决、裁定认定事实的主要证据是伪造的。

（4）原判决、裁定认定事实的主要证据未经质证的。

（5）对审理案件需要的主要证据，当事人因客观原因不能自行收集，书面申请人民法院调查收集，人民法院未调查收集的。

（6）原判决、裁定适用法律确有错误的。

（7）审判组织的组成不合法或者依法应当回避的审判人员没有回避的。选项E正确。

（8）无诉讼行为能力人未经法定代理人代为诉讼或者应当参加诉讼的当事人，因不能归责于本人或者其诉讼代理人的事由，未参加诉讼的。

（9）违反法律规定，剥夺当事人辩论权利的。选项B正确。

（10）未经传票传唤，缺席判决的。

（11）原判决、裁定遗漏或者超出诉讼请求的。选项D正确。

（12）据以作出原判决、裁定的法律文书被撤销或者变更的。

（13）审判人员审理该案件时有贪污受贿、徇私舞弊、枉法裁判行为的。

第四节　行政复议制度

考点 1　行政复议范围

1. 【答案】ABD

【解析】《行政复议法》规定，下列事项不属于行政复议范围：

（1）国防、外交等国家行为。

（2）行政法规、规章或者行政机关制定、发布的具有普遍约束力的决定、命令等规范性文件。

（3）行政机关对行政机关工作人员的奖惩、任免等决定。

（4）行政机关对民事纠纷作出的调解。

选项C、E属于可申请复议范围。

2. 【答案】D

【解析】《行政复议法》规定，下列事项不属于行政复议范围：

（1）国防、外交等国家行为。

（2）行政法规、规章或者行政机关制定、发布的具有普遍约束力的决定、命令等规范性文件。

（3）行政机关对行政机关工作人员的奖惩、任免等决定。

（4）行政机关对民事纠纷作出的调解。

考点 2　行政复议的申请、受理和决定

1. 【答案】B

【解析】选项A错误，有权申请行政复议的公民死亡的，其近亲属可以申请行政复议。

选项B正确，因不动产提出的行政复议申请自行政行为作出之日起超过20年，其他行政复议申请自行政行为作出之日起超过5年的，行政复议机关不予受理。

选项C错误，作出行政行为的行政机关被撤销或者职权变更的，继续行使其职权的行政机关是被申请人。

选项D错误，申请人申请行政复议，可以书面申请；书面申请有困难的，也可以口头申请。

2. 【答案】D

【解析】根据《行政复议法》的规定，公民、法人或者其他组织认为具体行政行为侵犯其合法权益的，可以自知道该具体行政行为之日起60日内提出行政复议申请；但法律规

定的申请期限超过60日的除外。因不可抗力或者其他正当理由耽误法定申请期限的,申请期限自障碍消除之日起继续计算。

第五节 行政诉讼制度

考点 1 行政诉讼的受案范围和法院管辖

1. 【答案】ABD

【解析】人民法院受理公民、法人或者其他组织提起的下列诉讼:
(1) 对行政拘留、暂扣或者吊销许可证和执照、责令停产停业、没收违法所得、没收非法财物、罚款、警告等行政处罚不服的。
(2) 对限制人身自由或者对财产的查封、扣押、冻结等行政强制措施和行政强制执行不服的。
(3) 申请行政许可,行政机关拒绝或者在法定期限内不予答复,或者对行政机关作出的有关行政许可的其他决定不服的。
(4) 对行政机关作出的关于确认土地、矿藏、水流、森林、山岭、草原、荒地、滩涂、海域等自然资源的所有权或者使用权的决定不服的。
(5) 对征收、征用决定及其补偿决定不服的。选项A符合题意。
(6) 申请行政机关履行保护人身权、财产权等合法权益的法定职责,行政机关拒绝履行或者不予答复的。
(7) 认为行政机关侵犯其经营自主权或者农村土地承包经营权、农村土地经营权的。
(8) 认为行政机关滥用行政权力排除或者限制竞争的。选项B符合题意。
(9) 认为行政机关违法集资、摊派费用或者违法要求履行其他义务的。选项D符合题意。
(10) 认为行政机关没有依法支付抚恤金、最低生活保障待遇或者社会保险待遇的。
(11) 认为行政机关不依法履行、未按照约定履行或者违法变更、解除政府特许经营协议、土地房屋征收补偿协议等协议的。
(12) 认为行政机关侵犯其他人身权、财产权等合法权益的。除前款规定外,人民法院受理法律、法规规定可以提起诉讼的其他行政案件。

下列行为不属于人民法院行政诉讼的受案范围:
(1) 公安、国家安全等机关依照刑事诉讼法的明确授权实施的行为。
(2) 调解行为以及法律规定的仲裁行为。
(3) 行政指导行为。
(4) 驳回当事人对行政行为提起申诉的重复处理行为。选项C不符合题意。
(5) 行政机关作出的不产生外部法律效力的行为。
(6) 行政机关为作出行政行为而实施的准备、论证、研究、层报、咨询等过程性行为。
(7) 行政机关根据人民法院的生效裁判、协助执行通知书作出的执行行为,但行政机关扩大执行范围或采取违法方式实施的除外。
(8) 上级行政机关基于内部层级监督关系对下级行政机关作出的听取报告、执法检查、督促履责等行为。
(9) 行政机关针对信访事项作出的登记、受理、交办、转送、复查、复核意见等行为。
(10) 对公民、法人或其他组织权利义务不产生实际影响的行为。选项E不符合题意。

考点 2 行政诉讼参加人

1. 【答案】C

【解析】选项A错误,当事人一方人数众多的共同诉讼,可以由当事人推选代表人进行诉讼。
选项B错误,"人数众多",一般指10人以上。
选项D错误,当事人推选不出代表人的,可以由人民法院在起诉的当事人中指定代表人。

2. 【答案】A

【解析】行政诉讼被告是指原告指控其行政行为违法，侵犯原告合法权益，并经人民法院通知应诉的具有国家行政职权的机关和组织。

考点 3 行政诉讼证据的种类和举证责任

【答案】B

【解析】选项B错误，对未采纳的证据应当在裁判文书中说明理由。

考点 4 行政诉讼的起诉和受理

1. 【答案】B

【解析】公民、法人或者其他组织直接向人民法院提起诉讼的，应当自知道或者应当知道作出行政行为之日起6个月内提出。

2. 【答案】C

【解析】选项A错误，对属于人民法院受案范围的行政案件，公民、法人或者其他组织可以先向行政机关申请复议，对复议决定不服的，再向人民法院提起诉讼；也可以直接向人民法院提起诉讼。

选项B错误，因不动产提起诉讼的案件自行政行为作出之日起超过20年，其他案件自行政行为作出之日起超过5年提起诉讼的，人民法院不予受理。

提起诉讼，应有具体的诉讼请求和事实根据。其中，"有具体的诉讼请求"是指：

(1) 请求判决撤销或者变更行政行为。

(2) 请求判决行政机关履行特定法定职责或者给付义务。

(3) 请求判决确认行政行为违法。

(4) 请求判决确认行政行为无效。

(5) 请求判决行政机关予以赔偿或者补偿。选项D错误。

(6) 请求解决行政协议争议。

(7) 请求一并审查规章以下规范性文件。选项C正确。

(8) 请求一并解决相关民事争议。

(9) 其他诉讼请求。当事人单独或者一并提起行政赔偿、补偿诉讼的，应当有具体的赔偿、补偿事项以及数额；请求一并审查规章以下规范性文件的，应当提供明确的文件名称或者审查对象；请求一并解决相关民事争议的，应当有具体的民事诉讼请求。当事人未能正确表达诉讼请求的，人民法院应当要求其明确诉讼请求。

考点 5 行政诉讼的审理、判决和执行

1. 【答案】B

【解析】适用简易程序审理的行政案件，由审判员一人独任审理，并应当在立案之日起45日内审结。

2. 【答案】A

【解析】选项B错误，人民法院公开审理行政案件，但涉及国家秘密、个人隐私和法律另有规定的除外。涉及商业秘密的案件，当事人申请不公开审理的，可以不公开审理。

选项C错误，当事人对停止执行或者不停止执行的裁定不服的，可以申请复议一次。

选项D错误，人民法院审理行政案件，不适用调解。但是，行政赔偿、补偿以及行政机关行使法律、法规规定的自由裁量权的案件可以调解。

亲爱的读者：

如果您对本书有任何 感受、建议、纠错，都可以告诉我们。

我们会精益求精，为您提供更好的产品和服务。

祝您顺利通过考试！

扫码参与调查

环球网校建造师考试研究院